当代中国
流行文化研究丛书

流行语 折射的

网络文化

国家社科基金项目系列成果　北京市新闻出版局重点图书

U0770969

丛书主编　仓理新

本书主编　仓理新

副主编　王萌　张仓　张哲　李稚子

本书撰写　董适　刘仲翔　李崇文　赵宇薇

国家社科基金重大招标项目『当代中国大众文化的价值观研究』（项目号：11&ZD022）阶段性成果/国家社科基金项目『当代中国流行文化研究』（项目号：06BSH036）后续成果

旅游教育出版社

策划编辑：赖春梅
责任编辑：赖春梅

图书在版编目（CIP）数据

流行语折射的网络文化/仓理新，刘仲翔，李崇文主编.
—北京：旅游教育出版社，2012.10
（当代中国流行文化研究丛书）
ISBN 978-7-5637-2420-8

Ⅰ.①流⋯ Ⅱ.①仓⋯②刘⋯③李⋯ Ⅲ.①汉语—社会习惯语—
关系—互联网络—文化—研究—中国 Ⅳ.①H136.4②TP393-05

中国版本图书馆CIP数据核字（2012）第128422号

当代中国流行文化研究丛书
## 流行语折射的网络文化
仓理新　刘仲翔　李崇文　主编
王　萌　张　仓　张　哲　李稚子　副主编
董　适　赵宇薇　撰写

| | |
|---|---|
| 出版单位 | 旅游教育出版社 |
| 地　　址 | 北京市朝阳区定福庄南里1号 |
| 邮　　编 | 100024 |
| 发行电话 | （010）65778403　65728372　65767462（传真） |
| 本社网址 | www.tepcb.com |
| E-mail | tepfx@163.com |
| 印刷单位 | 北京中科印刷有限公司 |
| 经销单位 | 新华书店 |
| 开　　本 | 880×1230　1/32 |
| 印　　张 | 6.75 |
| 字　　数 | 130千字 |
| 版　　次 | 2012年10月第1版 |
| 印　　次 | 2012年10月第1次印刷 |
| 定　　价 | 36.00元 |

（图书如有装订差错请与发行部联系）

# 作者简介

· 主编 ·

仓理新

首都师范大学政法学院社会学与社会工作系教授、社会学博士。主持完成 2006 年国家社科基金一般项目"当代中国流行文化研究";2011 年度国家社会科学基金重大招标项目"当代中国大众文化的价值观研究"子项目负责人;主持并完成教育部和北京市教委科研课题各 1 项;策划、编辑的图书荣获国家级、省部级奖励 9 项。已出版专著 7 部,在权威期刊、核心期刊发表学术论文几十篇。

主要著作:

主编《流行语折射的流行文化》(旅游教育出版社,2011),《流行语折射的旅游文化》(旅游教育出版社,2010);独著《书籍传播与社会发展——出版产业的文化社会学研究》(首都师范大学出版社,2007);第二主编《中国社会保障辞典》(首都师范大学出版社,1994,该书 1995 年获全国优秀教育图书一等奖,1996 年获北京市第四届哲学社会科学优秀成果二等奖)。

主要论文：

《从流行语看流行文化——以超女选秀为例》（新华文摘，2009〈1〉），《选秀潮引起的思考》（师资建设，2009〈2〉），《构建出版社会学理论体系的基本思路》（中国人民大学报刊复印资料，原载出版工作，2007〈6〉），《社会主义文化建设呼唤出版社会学》（中国社会科学文摘，2007〈3〉），《以社会学为视角观察书籍》（学习与探索，2005〈5〉），《以历史学为视角观察书籍》（首都师范大学学报，2005〈2〉）等。

刘仲翔

人民出版社副编审，《新华文摘》文化栏、社会栏编辑，法学博士。

主要著作：

《中国人民大学社会发展报告》（2010）（第5章"医药卫生体制改革的新进展"，中国人民大学出版社，2010）；《新中国60年 学界回眸——社会学与社会建设卷》（第1章"社会结构变迁的轨迹"、第8章"医疗卫生体制的重要成就"，北京出版社，2009）等。

主要论文：

《论农民生活医学化》（江海学刊，2010〈5〉），《中国的社会结构变迁与社会学的理论回应》（黑龙江社会科学，2010〈5〉），《健康责任与健康公平》（甘肃社会科学，2006〈7〉），《20世纪30年代定县的卫生保健运动》（河北学刊，2006〈7〉），《社会转型与农村医疗卫生》（甘肃理论学刊，2006〈6〉）等。

李崇文

首都师范大学副研究员，主要从事教学管理研究和行政管理工作。公开发表论文十多篇，2011年12月获"教育部对口支援西部高校十周年突出贡献个人"表彰。

主要著作：

参与编写《托起明天的太阳》（共四册）（北京师范大学出版社，2005）；参与教育部《教师教育机构资质认定标准》课题研究及教学工作评估标准的制定。

主要论文：

《避免几种倾向，发挥学分制优势》（黑龙江高教研究，2003〈3〉），《学分制学籍管理的实践与思考》（广西师范大学学报 2004〈3〉），《现阶段我国高校实行学分制模式的实践与研究》（湖南师范大学教育科学学报，2005〈4〉），《大学理念与学分制》（首都师范大学学报，2005〈3〉）等。

# 致 谢

　　本书的完成没有各方面的支持是不可能实现的，主编和全体作者在此感谢各位领导和专家对本书出版的支持。

　　感谢全国哲学社会科学规划办公室对本课题的立项和支持。

　　感谢北京市新闻出版局把《当代中国流行文化研究丛书》纳入2009年北京市重点图书选题。

　　感谢著名社会学家郑杭生教授为本书作序。

　　感谢首都师范大学政法学院社会学与社会工作系主任范燕宁教授对本书的支持。

　　感谢旅游教育出版社领导对本书选题的支持，感谢责任编辑赖春梅等同志对本书付出的辛勤劳动，并提出富有成效的修改意见。

# 目录

# 序　言

## 流行文化社会学研究的新进展

　　"当代中国流行文化研究"是 2006 年度国家社会科学基金项目社会学课题指南项目。课题承担者仓理新教授在注重研究社会成员日常生活热点的基础上，设计了几个子课题，内容涉及旅游文化、网络文化、健身文化等当代我国大众比较热衷的领域。项目的最终成果是关于当代中国流行文化的研究报告。由于作者以流行语为切入点的思路很有新意，在课题未结题时就引起了出版界的兴趣，被北京市新闻出版局列入 2009 年度重点图书选题。主编仓理新教授在完成国家社科基金项目的研究过程中组织编写了这套丛书。应该说，这套丛书无论在理论研究方面，还是实证研究方面都具有很高的学术价值和应用价值。

　　新中国成立后，我国对文化的社会学研究，始于 20 世纪 80 年代，但尚未涉及、或者说尚未真正涉及大众流行文化，因为大众流行文化是工业社会后期为广大社会成员消费的文化，与社会经济发展水平、都市化程度、中间阶层数量等社会指标的提高紧密相联。近年来我国经济持续发展、城市化进程加快、中间阶层数量增加，特别是电视在城乡居民家庭中成为日常生活用品，大众流行文化研究才被正式提上日程。这套丛书反映了这一新的社会趋势，是有新的社会学意义的。

近年来，相关机构虽然每年发布流行语，但只是列举了流行语是什么。至于形成流行语的社会渊源、流行语反映的社会热点、流行语传播的社会效果、流行语的发展趋势以及对社会变迁的影响等更加深刻的社会问题，则几乎没有著作涉及。这套丛书对上述问题做了深入的探讨和研究，是我国学者对语言社会学进行的有某种开创意义的研究。社会语言学和语言社会学都是语言学与社会学相交的交叉学科。社会语言学把流行语看做一种词汇现象。从研究的角度来说，是一种词汇的分类研究。语言社会学把流行语看做反映社会文化的符号。研究角度是揭示符号互动引发的社会变迁。丛书把流行语作为观察社会文化的视角，重点探讨流行语背后反映的社会问题，因此，这在一定程度上为语言社会学注入了某种新意。这是该丛书的第二个新的社会学意义。

丛书的第三个社会学意义是拓展并夯实了相关的社会学分支学科。对流行文化的研究涉及许多社会学分支学科，例如：文化社会学、语言社会学、旅游社会学、体育社会学、日常生活社会学、闲暇社会学、消费社会学等分支学科。此外，丛书此次开展了网络流行文化的研究，不仅收集了官方媒体和网络媒体发布的流行语，还探讨了与网络流行文化相关的社会问题，为目前正在形成的网络社会学分支学科增添了某种新因素、新东西。

就应用价值来说，这套丛书对文化创意产业有不小的参考意义。现代社会的一个突出特点是为人服务的行业逐渐取代向自然索取资源和加工资源的行业，即第三产业的规模日益扩大。其中，文化产业创造的效益在第三产业中的比重日益增加，文化产品成为社会大众的日常消费品。技术的发达使传统的工作方式逐渐被改变，人们的闲暇时间日益增多。"以人为本"的观念日益深入人心，因此，社会学研究的一个重要方面，也从以往重视宏观研究向贴近日常生活的微观研究转变。这套丛书中列举了许多利用文化元素开发文化产品，在市场上获得效益的成功案例，为我国新兴的文化创意产业提供了经验研究的依据和数据。

当今世界越来越强调科研成果的转化和应用。丛书主编仓理新教授在这方面也做了很好的尝试，不仅开发了这套丛书并获得出版资助，还开设了一门受高校本科生欢迎、评价不低的课程。她于2008年秋季在首都师范大学为全校本科生开设公选课"流行语反映的时尚文化"。近300名学生报名选修，遍及全校文理、艺术等各科13个二级学院，覆盖一至四年级学生。期末学生对该课程的评价为"优秀"，评分92.03。目前，这门课也获得资助，将编写出高校本科生通识选修课教材。

综上所述，这套丛书向读者展示了我国21世纪初期流行文化的状况和发展趋势。丛书不只是记录、描述了当代中国的流行文化是什么，还揭示了流行文化形成的社会历史渊源和引起的社会后果。作者对流行文化引起的社会问题做了深入分析，并提出了可行性解决思路，为政府决策提供了参考依据。丛书把流行语视为流行文化的亮点和特质，将同类文化特质整理成文化集丛，并通过对不同文化集丛的研究探究流行文化的模式和体系，这是很有新意的探索。

中国社会学会名誉会长、中国人民大学一级教授

郑杭生

# 导　论

　　本书既是 2011 年度国家社会科学基金重大招标项目"当代中国大众文化的价值观研究"（项目号：11&ZD022）的阶段性研究成果，也是 2006 年度国家社会科学基金项目"当代中国流行文化研究"（项目号：06BSH036）的后续研究成果，后者已经于 2010 年结题，鉴定合格。此项研究的切入点是当代中国主流媒体流行语，由于以流行语为视角研究当代大众文化很有新意，所以在国家社科基金项目未结题时就被北京市新闻出版局列为 2009 年重点图书选题。

## 一、研究的创新性

　　关于当代大众文化和流行文化的研究在我国属于创新性研究，其创新性表现为以下几方面。

（一）立意新

1. 近一二十年来的新题目

关于流行文化的研究是个新课题。20 世纪 80 年代以来，我国开始了对文化的研究，但并未涉及流行文化研究。本世纪以来，社会科学许多领域的课题指南中都没有与此相关的题目。

2. "十一五" 开局之年的新课题

以往我国社会科学研究未涉及该领域，是由于流行文化现象还不普遍，也不典型。流行文化是工业社会后期为广大社会成员消费的文化，与社会经济发展水平、都市化程度、中间阶层数量等社会指标的提高紧密相联。我国在 20 世纪 90 年代后期，GDP 一直以两位数字递增，经济总量和经济规模不断扩展、城市化进程加快、中间阶层数量增加，为流行文化发展奠定了基础。由此，流行文化研究被正式提上日程。本课题是 21 世纪 "十一五规划" 开局之年的新课题，立意很新。题目新则积累的成果少，可参考资料少则研究难度较大。

（二）角度新

1. 跨学科的交叉研究

流行文化是当代社会中极其复杂的社会文化现象，该现象是许多领域文化现象的交织与互动，涉及社会的各个层面和众多社会群体，通过大众传媒传播给广大社会成员并引导他们参与。因此，对当代社会流行文化的研究必然是跨学科、多维度、广视角的综合性研究，很难用单一的知识结构概括其性质特点。

2. 流行语是研究流行文化的新视角

项目负责人即本书主编此次选择了一个新角度，即以当代中国主流媒体流行语为切入点，观察、捕捉、追踪当代中国流行文化现象。具体做法是把这些流行语按文化集丛分类，特别关注那些重复出现的、被大众追捧的、持续形成影响的、并导致社会结构改变和社会变迁的流行文化现象，试图对此做出描述、概括、解释和预测。主流报纸流行语从 2003 年首次发布以来，每年由国家权威语言研究机构公布 2 次，至 2008 年已达 11 次。主流媒体流行语的发布已从报纸扩展到广播、电视和网络，这本是语言学界的成果，此次为社会学领域首次引用，是跨学科的交叉研究。

（三）材料新

1. 21 世纪的新材料

本书研究的依据是主流媒体流行语，这是从 2003 年开始每年公布的新材料、新数据。2003 年我国几家权威机构开始定期公布"主流报纸十大流行语"，其研究方法及提取过程的主办方由北京语言大学、中国新闻技术工作者联合会、中国中文信息学会、国家语言资源监测与研究中心平面媒体分中心联合组成。他们依据"发行量"等因素，选取了 15 家主流报纸每年 1 月 1 日至 12 月 31 日的全部语料，汇入北京语言大学应用语言学研究所 DCC 博士研究室的动态流通语料库，进行动态加工分析。

2. 新材料不断拓展创新

2007 年中国传媒大学与上述单位合作，使流行语的提取从印刷媒介扩展到广播、电视等电子媒介。2008 年又增加了网易等 5 家网站，流行语的提取来自平面媒体、广电媒体和网络媒体。上述 15 家报纸、9 家电视台、5 家广播电台、5 家网站过去一年的语料，多达 11 亿字。在筛选时考虑了流行语的起点、峰值与谷值的落差、流行高峰持续期等相关因素，分析了流行语的变化特点，从而使筛选过程更加精密化、效率化、科学化。

（四）领域新

1. 注重对社会成员生活方式的研究

流行文化涉及的领域非常广泛，与社会大众日常生活相关的领域都是研究流行文化应该关注的领域。例如：大众在衣食住行、影视文化、休闲方式等方面的消费倾向都构成流行文化的内容和趋势。本课题除了观察、研究形成流行文化的传统领域，还开拓了对近几年我国社会大众在休闲方式的消费倾向方面的研究的子课题，如：旅游文化、网络文化和大众健身方面的研究。

2. 夯实相关的社会学分支学科

自 21 世纪初期以来，我国的互联网发展一直呈现持续增长态势。根据中国互联网络信息中心发布的《第 22 次中国互联网络发展状况统计报告》[1]显示，2008 年我国网民数、宽带网民数、国家域名数均居世界第一，互联网大国规模初显。截至 2008 年 6 月底，我国网民数量达到了 2.53 亿，首次大幅度超过美国，跃居世界第一位。宽带网民数以 2.14 亿人、CN 域名注册量以 1 218.8 万个均名列全球第一。这三项重大突破举世瞩目，表明我国已然成为互联网大国。根据《第 23 次中国互联网络发展状况统计报告》统计，截至 2008 年底，我国的互联网普及率达到 22.6%，首次超过全球平均水平（21.1%）。[2]

上述情况表明，互联网在我国发展迅猛，社会需要建立解

---

① 中国互联网络信息中心.第22次中国互联网络发展状况统计报告.第3～4页。
② 中国互联网络信息中心.第23次中国互联网络发展状况统计报告.第2页。

释网络文化和解决网络社会问题的分支学科。目前虽然有些相关论文和著作，但是还没有最终形成网络社会学分支学科。本书此次开展了网络流行文化的研究，将会为网络社会学和网络文化学增添新成果。

## 二、基本内容

本书的基本研究思路是：描述现象、分析因果、预测趋势、提出对策。具体做法是运用社会学的理论（文化社会学及社会学分支学科等理论）和方法研究几个问题：（1）当代中国网络文化是什么；（2）分析其生成的原因、影响的范围、涉及的社会群体；（3）网络文化产生的后果，即产生的社会效益和经济效益；（4）该文化现象将对当代社会发展有何种导向及与构建和谐社会的关系，决策者应如何应对；（5）观察哪些网络文化现象能继续流传。

这个研究思路解释和解决的问题是：网络文化是什么，为什么形成这样的网络文化，以及怎样应对和解决网络引发的社会问题，是科学研究想要回答的一般性问题，体现出完整的结构思维和因果思维的逻辑类型。网络文化作为一种普遍的、广泛存在的社会文化现象，具有极其复杂的性质和表现形态。因此，对于它的研究必然涉及跨学科领域和多元化视角及方法。从社会学角度出发，应注重对其表现形式、社会功能及后果的调查及分析。

以上述研究思路为纲，本书内容分为三个部分：一、近年来网络类流行语；二、网络专题（热点、方式、问题）；三、发展情况（概况、学术研究）。三个部分的内容体现为七章。第一章对网络文化做了综合性研究，描述并分析了网络文化产生的经济前提和社会背景并阐明作者的研究思路及其方法。第二章梳理了从 2002 年到 2010 年在主流媒体频繁出现的网络类流行语，将这些流行语视为文化特质并整理为文化集丛。第三章描述了近年来的网络热点和网络传播新形式。第四章分析解释了网络被社会大众广泛应用的情况。第五章阐述了网络引发的社会问题及政府相关机构的对策。第六章研究了网络对青少年的影响。第七章介绍了当前学界对网络文化的学术研究。关于网络文化的研究引用的都是权威机构近年来公开发布的数据和资料，所以本书研究是基于精确定量分析和科学定性分析基础上的，对网络社会文化的经验描述和理论概括。由于受到经费、人员、资料等限制，本书也存在局限和不足，全体作者恳请读者批评指正！

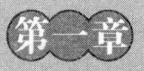

# 网络文化研究综述

# 第一节 研究网络文化的前提和意义

## 一、世界进入互联网时代

计算机与网络是继造纸和印刷术发明以来，人类又一个信息存储与传播的伟大创造，称为第五次信息革命。互联网始于1969 年，最初是美军将美国西南部的四所大学的四台主要计算机连接起来。最初的网络是给计算机专家、工程师和科学家用的。那时还没有家庭和办公计算机，并且任何使用互联网的人，无论是计算机专家、工程师，还是科学家都必须学习非常复杂的系统。时至今日，互联网的使用早已超越了军事和特定技术的领域，成为人们交流的工具。互联网已经进入了成千上万的寻常百姓家。据不完全统计，全球使用互联网的人数应该超过 10 亿人。更重要的是互联网至今还没有定型，还一直在发展、变化。因此，任何对互联网的技术定义也只能是当下的、现时的。与此同时，在越来越多的人加入并使用互联网的过程中，也会不断地从社会、文化的角度对互联网的意义、价值和本质提出新的见解。

根据国家统计局公布的数据，进入 21 世纪以来，全世界国际互联网用户快速增长。其中，高收入国家国际互联网用户在国民中的比例，2007 年超过 65%，即每千人中有大约 651 人是国际互联网用户，比 2000 年增长了约 207%；中等收入国家国际互联网用户在国民中的比例接近 15%，即每千人中有大约

147 人是国际互联网用户，比 2000 年增长了约 809%；低收入国家国际互联网用户在国民中的比例接近 4%，即每千人中有大约 36 人是国际互联网用户，比 2000 年增长了约 2 331%（见表 1-1）。数据表明，21 世纪中低收入国家国际互联网用户的增长率高于发达国家。这说明互联网 20 世纪中期在发达国家率先使用并逐渐普及，到 21 世纪初期发达国家的大多数国民都在使用互联网。虽然发展中国家的国民使用互联网的时间晚于发达国家，但是，进入 21 世纪以来互联网的普及率日益加速，呈现出几倍或几十倍的增长率。中国国际互联网用户在国民中的比例和增长率接近或略高于中等收入国家。

表 1-1　国际互联网用户

单位：个／千人

| 国家和地区 | 2000 | 2004 | 2005 | 2006 | 2007 | 2008 |
|---|---|---|---|---|---|---|
| 世　界 | 67.36 | 146.46 | 162.15 | 186.36 | 212.54 | — |
| 高收入国家 | 314.86 | 567.59 | 599.71 | 623.78 | 651.49 | 671.10 |
| 中等收入国家 | 18.22 | 74.68 | 88.74 | 116.57 | 147.45 | — |
| 低收入国家 | 1.57 | 14.89 | 21.93 | 30.92 | 36.60 | — |
| 中国大陆 | 17.82 | 72.52 | 85.79 | 106.01 | 161.25 | 224.80 |
| 中国香港 | 278.35 | 512.97 | 517.55 | 549.85 | 571.97 | 591.01 |
| 中国澳门 | 136.09 | 314.84 | 348.63 | 433.18 | 463.87 | — |

资料来源：世界银行WDI数据库。

另一数据表明，21 世纪最初几年高收入国家（地区）信息和通讯技术在国内生产总值中所占比例持平或略微下降；而中等收入国家，特别是中国这方面的比重在上升，甚至成倍增长（见表 1-2）。与此趋势相对应，中等收入国家个人用于信息和通讯技术方面支出的增长高于高收入国家（见表 1-3）。表格 1-1

与 1-2 反映的数据,说明 21 世纪信息技术在中等收入国家的快速普及。

表 1-2  信息和通讯技术支出占国内生产总值比重

单位:%

| 国家和地区 | 2000 | 2003 | 2004 | 2005 | 2006 | 2007 |
|---|---|---|---|---|---|---|
| 世界 | 7.28 | 6.59 | 6.58 | 6.58 | 6.59 | 6.52 |
| 高收入国家 | 7.92 | 6.84 | 6.77 | 6.78 | 6.80 | 6.71 |
| 中等收入国家 | 4.24 | 5.48 | 5.78 | 5.82 | 5.90 | 5.95 |
| 中国大陆 | 3.70 | 7.39 | 7.77 | 7.69 | 7.74 | 7.75 |
| 中国香港 | 7.02 | 5.23 | 5.21 | 4.92 | 5.01 | 4.74 |

资料来源:世界银行数据库。

表 1-3  人均信息和通讯技术支出

单位:美元

| 国家和地区 | 2000 | 2003 | 2004 | 2005 | 2006 | 2007 |
|---|---|---|---|---|---|---|
| 世界 | 451.66 | 439.93 | 489.00 | 521.23 | 556.78 | 608.23 |
| 高收入国家 | 2 060.64 | 2 008.62 | 2 197.60 | 2 300.11 | 2 408.43 | 2 564.20 |
| 中等收入国家 | 60.34 | 88.18 | 109.29 | 129.33 | 152.46 | 185.76 |
| 中国大陆 | 35.13 | 94.10 | 115.81 | 132.20 | 156.91 | 192.69 |
| 中国香港 | 1 782.07 | 1 227.19 | 1 274.22 | 1 284.22 | 1 387.81 | 1 414.42 |

资料来源:世界银行数据库。

个人计算机普及率也是考察世界进入互联网时代的重要数据。21 世纪以来,几年间全世界个人计算机普及率几乎翻了一倍,约从 8% 增长到 15%。高收入国家约从 36% 增长到 67%,中等收入国家约从 2.1% 增长到 5.6%,低收入国家约从 3% 增长到 16%。中国大陆的个人计算机普及率相当于中等收入国家,每千人拥有 56 台以上计算机,计算机在国民中的普及率超过 5%(见表 1-4)。

## 表1-4　个人计算机普及率

单位：台/千人

| 国家和地区 | 2000 | 2003 | 2004 | 2005 | 2006 | 2007 |
|---|---|---|---|---|---|---|
| 世　界 | 79.90 | 79.58 | 114.71 | 127.46 | 153.14 | － |
| 高收入国家 | 375.32 | 395.81 | 557.89 | 605.51 | 674.26 | － |
| 中等收入国家 | 20.62 | 37.60 | 43.23 | 50.44 | 56.16 | － |
| 低收入国家 | 3.41 | 7.71 | 11.29 | 16.03 | － | － |
| 中国大陆 | 16.31 | 39.13 | 40.88 | 48.72 | 56.53 | － |
| 中国香港 | 401.65 | 559.56 | 617.30 | 612.40 | 653.66 | 685.74 |
| 中国澳门 | 158.77 | 250.99 | 283.36 | 328.12 | 384.07 | |

资料来源：世界银行WDI数据库。

以上列举的是21世纪最初几年的数据。虽然没有2010年以后的数据，但是毫无疑问个人计算机普及率在不断提高，世界的确进入了互联网时代。高科技的发展为网络文化的产生提供了前提。互联网对人类社会的改变，在于它在人们之间建立起一种新的传播形式。作为一种广义的、宽泛的、公开的、对大多数人有效的传媒，互联网发挥了大众传媒的作用：互联网可以比任何一种方式都更快、更经济、更直观、更有效地把最新的思想或信息传播开来。

## 二、中国成为互联网大国

根据中国互联网络信息中心发布的《第28次中国互联网络发展状况统计报告》，截至2011年6月底，中国网民规模达到4.85亿，互联网普及率攀升至36.2%。

我国手机网民规模为3.18亿。手机网民在总体网民中的比例为 65.5%。家庭电脑宽带上网网民规模达到 3.90 亿人，占家庭电脑上网网民的 98.8%。农村网民规模为 1.31 亿，占整体网民的 27.0%。50 岁以上各年龄段网民数量增长较为突出，占整体网民的 7.2%。低学历网民继续增加，初中及以下学历网民占 43.8%。

91.3% 的网民在家上网，在网吧、单位和公共场所上网的网民分别为 26.7%、33.0% 和 14.8%。网民使用台式电脑上网的比例为 74.0%，使用手机和笔记本电脑上网的网民分别为 65.5% 和 46.2%。网民平均每周上网时长上升到 18.7 个小时。

截至 2011 年 6 月底，我国域名总数为 786 万个。中国的网站数，即域名注册者在中国境内的网站数（包括在境内接入和境外接入）为 183 万个。①

以上数据在 21 世纪初期一直呈现持续增长态势。根据《第 22 次中国互联网络发展状况统计报告》，2008 年我国网民数、国家域名数均居世界第一，互联网大国规模初显。但是，互联网普及率只有 19.1%，仍然低于全球平均水平（21.1%）。然而，仅仅半年，2008 年底我的的互联网普及率就首次超过全球平均水平，达到 22.6%。这三项重大突破举世瞩目，表明我国已然成为互联网大国。②

《报告》显示的不仅是人数增加，网络应用也在不断增加。网络新闻使用率达 81.5%，用户规模达到 2.06 亿人，网络新闻阅读率比 2007 年 12 月增加了 8.8 个百分点，在网络应用中排名跃升至第二位，一改此前数字娱乐应用在前十大网络应用中

---

① 中国互联网络信息中心.第 28 次中国互联网络发展状况统计报告.第 4 页。
② 中国互联网络信息中心.第 22 次中国互联网络发展状况统计报告.第 3～4 页。

占据绝对优势的局面。互联网已经成为新闻传播领域中影响巨大的、最具发展潜力的主流媒体。①此外，网络正在改变着国民的日常生活。网络购物、网上银行等实用性应用走俏。数据显示，我国网络购物使用率为 25%，用户人数达到 6 329 万人，半年内用户量增加了 1 688 万人，其中最为普及的城市是上海，使用率达到 45.2%。网上支付和网上银行则极大地推动了网络购物的发展，网民对二者的使用率分别达到 22.5% 和 23.4%，尤其是网上支付，半年用户增量达到 2 379 万人，半年增长率达到 71.7%。网上炒股 / 基金使用率为 16.9%，总体用户量 466 万。互联网大众化还表现为手机上网成为网络应用的一个重要发展方向，28.9% 的中国网民在过去半年曾经使用手机上过网，手机网民规模达到 7 305 万人。②

## 三、网络改变社会

2009 年 8 月 13 日《人民日报》海外版发表了张意轩的文章《网络到底改变了什么？》，提出了一个很令人深思的问题。可以说网络改变了一切，网络改变了世界。具体来说，网络改变了社会成员的工作方式、生活方式和整个社会结构。2009 年 6 月，《人民日报》刊出《网络改变世界》系列报道，陆续在头版显著位置刊出了《官员上网成风尚》、《网络让政府更透明》、《网上资金翩翩游》、《网络教育天地宽》、《网络社交乐融融》、《网

---

① 中国互联网络信息中心.第22次中国互联网络发展状况统计报告.第3～4页。
② 同上。

络新秀微博客》等 15 篇报道，从政治、经济、社会等各个层面，对网络给人类带来的影响和变化，做出具体翔实的描述和认真中肯的评析。

互联网被联合国新闻委员会正式宣布成为继电视、广播、报纸之后的第四媒体。它给传媒领域带来的新传播方式既改变了传播者，也改变着受众。互联网与报纸杂志、广播电视等媒介的显著不同，在于它颠覆了以往受众只能被动地接受传播者发布的信息，而把受众改变为与传播者互动的参与者。网络已经成为每年"两会"必不可少的主角之一，代表委员通过网络广泛集纳民意，广大网民也通过网络积极参政议政。

以互联网为代表的信息领域，其辐射能量也远非传统经济可比。数据表明，在美国，对交通、能源、供水等领域投入 10 亿美元，能创造 1.8 万个岗位；在信息技术领域投入 10 亿美元，则可创造 3.1 万个新的工作岗位。在中国，刚刚启动的 3G 服务，将直接或间接地创造出 30 万个就业机会。在零售领域，互联网魅力发挥得更是淋漓尽致。电子商务改变了传统的商务模式，同时也改变了竞争格局。业内人士指出，工业社会企业的市场基本在国内，互联网时代企业的市场在全球。2008 年我国网购交易规模达到 1 300 亿元。单单淘宝网 2008 年交易规模近千亿元，远超沃尔玛在中国内地的全年营业额。[①]

互联网使一个普通人发布的信息，有可能迅速被全世界上亿网民知晓。由此激发出公众对于获取和发布信息的空前冲动和热情，越来越多的网民将看到的事情和自己的观点写在博客上，甚至拿起摄像机，制成视频新闻，通过网络迅速地传播到

---

① 张意轩. 网络到底改变了什么？. 人民日报（海外版），2009-08-13。

全球各地。互联网打破了传统媒体"你说我听"的格局，转变为"大家都在说"，"自媒体"、"草根媒体"等概念不断出现，推动着传媒进入大众唱主角的时代。

无所不入的互联网渗透到人们的日常生活和行为，人们可以通过网络获取信息、交流沟通。网络不仅使人们足不出户进行商务交易，还可以为人们提供游戏和娱乐。由此出现了"宅男宅女"和"新穴居人"的新新人类生活方式。根据中国互联网络信息中心 2009 年 7 月发布的调查报告显示，77.5% 的调查者认为自己的生活离不开网络。[①]

网络在提供便利的同时，也带来了诸多问题和挑战。网络在传播信息的同时，也出现良莠不分，传播不健康信息的现象。网络广泛的参与性也伴随着"网络抄袭"、流氓软件、网络暴民、人肉搜索等侵权行为。更有甚者，在青少年中也屡屡爆出沉迷网络游戏、网瘾，甚至出现网络色情、网络盗窃等犯罪行为。互联网对当代社会造成的负面影响，促使政府和相关部门必须应对网络传播导致的社会道德失范和引发的社会问题。政府必须加强对网络传播的监管力度。通过出台政策和监管，实现网络良性发展，发挥网络传播优势。

## 四、研究网络文化的意义

（一）什么是网络文化

我们可以从两种层面研究网络文化，即技术层面和社会层

---

① 张意轩. 网络到底改变了什么？. 人民日报（海外版），2009-08-13。

面。技术层面从网络的技术性特点切入，突出由技术变革所导致的文化范式变迁。社会层面从网络对社会文化的影响出发，强调由网络传播内容所引发的社会成员的价值取向、行为特征及其生活方式的变化。本书是从社会层面研究网络传播对社会文化的影响和改变。

如果给网络文化下定义，可以将其概括为网络上具有网络社会特征的文化活动及文化产品，是以网络物质的创造发展为基础的网络精神创造。广义的网络文化是指网络时代的人类文化，它是人类传统文化、传统道德的延伸和多样化的展现。狭义的网络文化是指建立在计算机技术和信息网络技术以及网络经济基础上的精神创造活动及其成果，是人们在互联网这个特殊世界中，进行工作、学习、交往、沟通、休闲、娱乐等所形成的活动方式及其所反映的价值观念和社会心态等方面的总称，包含人的心理状态、思维方式、知识结构、道德修养、价值观念、审美情趣和行为方式等方面。总之，网络文化是以网络技术为支撑的基于信息传递所衍生的所有文化活动及其蕴涵的文化观念和文化活动形式的综合体。网络文化产生于 20 世纪中期，即实现计算机联网的时刻。中国的网络文化大约出现在 20 世纪最后几年，在 21 世纪的前几年得到广泛传播。

（二）研究网络文化的意义

1. 社会意义

（1）研究网络文化具有世界意义

根据国际电信联盟 2010 年 10 月 19 日的数据，全世界网民总数过去 5 年翻了一番，预计 2010 年将超过 20 亿。2010 年全球将新增 2.26 亿网民，其中 1.62 亿来自发展中国家。全球手机用户入网数将于今年年底突破 53 亿，其中发展中国家占 38 亿。[①]
这些数字意味着全世界大约 30% 的人口都在使用互联网，90%
的人口通过手机上网。而且这个数字还会不断增加。中国在 21
世纪的前十年就已经步入世界互联网大国。全球网民数量的持
续增加说明社会成员对使用网络的社会需求呈现出日益强化的
态势，这种态势的扩大将引发产业结构的调整，并进而导致社
会结构的改变，形成新时期的社会变迁。研究互联网大国中国
的网络文化，将对全球网络文化研究做出独特贡献。

（2）探究网络文化反映出的社会群体意识

根据中国互联网络信息中心 2011 年 1 月发布的《第 27 次
中国互联网络发展状况统计报告》，截至 2010 年 12 月，中国网
民规模达到 4.57 亿，互联网普及率攀升至 34.3%，宽带网民规
模为 4.5 亿，宽带普及率达到 98.3%。我国手机网民规模达 3.03
亿，手机网民在总体网民中的比例是 66.2%。农村网民规模达
到 1.25 亿，占整体网民的 27.3%。30 岁以上各年龄段网民占
41.8%，初中学历网民占 32.8%，高中学历的网民占 35.7%。网
民在家上网的比例仍显著高于其他地点，有 89.2% 的网民在家
上网。我国网民平均每周上网时长为 18.3 个小时。数据显示出
我国网民已经超过全体人口的 1/3，网民以青少年居多。大部分
网民在家中上网，平均每周上网时间超过 18 个小时。

通过对网络文化的研究，我们可以归纳分析出网络上流传
了些什么，广大青少年热衷的话题是什么，网络文化对青少年
价值和行为取向产生了哪些影响，以及这些影响产生了什么样
的社会后果等。

---

① 深圳商报.全球网民数今年超 20 亿，2010-10-20。

（3）网络传播形成的产业促使社会结构改变

互联网产生的社会需求大致反映在信息获取、商务交易、交流沟通和网络娱乐等领域，巨大的社会需求必然促进相应的社会服务，使网络服务产业应运而生。截至 2010 年底，满足社会成员信息获取的搜索引擎使用率达到 81.9%，用户规模 3.75 亿，成为网民第一大应用。商务交易应用用户规模继续领涨。网络购物用户规模年增幅 48.6%，是增幅最快的应用。网上支付、网上银行的使用率迅速提升，团购用户规模达到 1 875 万，在网民中占 4.1%，更多的经济活动已步入了互联网时代。用于交流沟通的微博客用户数已初具规模，达到 6 311 万，在网民中占 13.8%。手机即时通信使用率仍位居首位，达到 67.7%；手机新闻和手机搜索分别以 59.9% 和 56.6% 的使用率分别排名第二、第三位。数据显示，目前中国内地的网站总数已超过 190 万个。网络娱乐在 21 世纪前几年得到迅猛发展，由中国出版工作者协会游戏工作委员会所做的统计表明，到 2005 年底，我国网络游戏用户已达到 2 634 万，其中，在校学生占了 38.9%，已经超过了 1 000 万人，而且还在持续增长中。网络游戏用户的年龄集中在 16 岁至 30 岁之间，58.8% 的人是出于"纯粹娱乐"的目的。网络娱乐的快速发展到 2008 年告一段落，此后增速放缓。[①] 社会成员对网络服务产生的社会需求是促使网络产业规模扩大的直接原因，并导致社会结构的变化。根据国务院新闻办发布的白皮书，2008 年中国互联网产业规模达到 6 500 亿元人民币，其中互联网制造业销售规模接近 5 000 亿元

---

① 报告显示在校学生从事网络游戏人数超过千万人.光明网，光明日报，2006-01-19。

人民币，相当于国内生产总值的 1/60，占全球互联网制造业销售总额的 1/10。①

（4）网络经济效益

网络促使中国电子商务快速发展。大型企业的电子商务正在从网上信息发布、采购、销售等基础性应用向上下游企业间网上设计、制造、计划管理等全方位协同方向发展。中小企业的电子商务应用意识普遍提高，应用电子商务的中小企业数量保持较高的增长速度。截至 2010 年 12 月，有 94.8% 的中小企业配备了电脑，无电脑的中小企业仅占 5.2%。92.7% 的中国中小企业接入互联网。中小企业曾有建站行为（含网上商铺和独立网站）的比例达到了 43%。42.1% 的中小企业曾经利用互联网进行过营销和推广工作；中小企业利用电子邮件进行营销的比例达到了 21.3%，利用电子商务平台推广的比例达到了 19.3%，利用搜索关键字进行广告营销的比例达到了 15.4%。互联网已经成为了中小企业与客户沟通、为客户服务的主要渠道之一，57.2% 的中小企业正在利用互联网与客户沟通及为客户提供咨询服务。②互联网使网上零售规模增长迅速，市场逐步规范。据调查，建立了电子商务系统的大型企业已超过 50%，通过互联网寻找供应商的中小企业超过 30%，通过互联网从事营销推广的中小企业达 24%，中国网络购物用户已超过 1 亿人。2009 年，中国电子商务交易额超过 3.6 万亿元人民币。③电子商务专业化服务体系正在

---

① 中华人民共和国国务院新闻办公室，中央政府门户网站 www.gov.cn. 中国互联网状况，2010-06-08。
② 中国互联网络信息中心. 第 27 次中国互联网络发展状况统计报告。
③ 中华人民共和国国务院新闻办公室，中央政府门户网站 www.gov.cn. 中国互联网状况，2010-06-08。

形成，数字认证、电子支付、物流配送等电子商务应用支撑体系也正在逐步形成。

(5) 网络的负面影响和社会政策

网络的广泛应用也不免带来负面效应，引发社会问题。近年来，互联网安全问题日益突出，成为各国普遍关心的问题，中国也面临着严重的网络安全威胁。进入 21 世纪，中国的网络犯罪呈上升趋势，各种传统犯罪与网络犯罪结合的趋势日益明显，网络诈骗、网络盗窃等侵害他人财产的犯罪增长迅速，制作传播计算机病毒、入侵和攻击计算机与网络的犯罪日趋增多，利用互联网传播淫秽色情及从事赌博等犯罪活动仍然突出。据统计，1998 年公安机关办理各类网络犯罪案件 142 起，2007 年增长到 2.9 万起，2008 年为 3.5 万起，2009 年为 4.8 万起。[1] 为有效打击网络违法犯罪活动，我国政府制定了一系列管理互联网的法律法规并强化管理措施。2010 年，我国的基础网络安全问题有了明显的改善。2010 年，遇到过病毒或木马攻击的网民比例为 45.8%，较 2009 年下降了 10.8 个百分点；有过账号或密码被盗经历的网民占 21.8%，较 2009 年降低 9.7 个百分点。显示出调整社会政策解决网络社会问题已见成效。

2. 学术意义

社会科学在发展过程中，积累了许多认识、分析、解释文化现象的理论和研究方法，在以往学术著作中已经体现。研究当代社会的网络流行语对建立和发展新学科同样具有重要的学术意义。

---

[1] 中华人民共和国国务院新闻办公室，中央政府门户网站 www.gov.cn. 中国互联网状况，2010-06-08。

（1）探究网络文化的发展过程和因果关系

观察近年来发布的主流媒体流行语和文新报业集团发布的网络通信流行语、新媒体流行语，内容大致可分为：网络、手机、电子产品、数字技术等。将 2002～2010 年的流行语分门别类加以整理，把与网络相关的流行语收集起来，就整理出网络文化集丛。网络文化集丛中排列的流行语展示了两大方向：一是近年来网络文化传播的热点和新形式，二是网络传播引发的社会问题和对策。这些问题将分别在本书各章中描述、分析并解释。经过本书研究者梳理展示的网络流行语为我们勾勒出 21 世纪前十年网络文化在当代中国发展的概貌，广大读者不仅关心当代中国社会流行的网络流行语是什么，更希望了解隐含在流行语中的历史渊源和社会文化元素及其发展趋势。因此，本书首要的学术意义是客观科学地描述 21 世纪初期网络文化产生发展的概貌，并揭示蕴涵其中的深刻复杂的因果关系。

（2）丰富成熟学科

网络文化的显著特征反映在 21 世纪初期爆出了许多网络语言，这些网络语言从产生之日就被国家语言文字工作委员会纳入研究范围。2004 年 9 月，国家语委开始筹划推出《中国语言生活状况报告》，由当时被称为中国语言国情报告课题组完成，分年度搜集、报告中国语言生活的基本状况及其热点问题。从 2006 年起，每年出版上年度的中国语言生活状况报告。这项研究从开始就把网络语言状况作为专题研究，探讨社会发展对网络语言的影响。此后，在每年度的研究报告中，都会公布当年的汉语新词语，其中有许多网络类流行语，如：博客、播客、威客等。从社会语言学角度进行分析，网络词语与社会生活词语的迅速融合现象是国民语言生活状况变化的显著标志之一。

所有能够产生社会性传播效果的事件几乎都源自互联网的揭示和推动，而后迅速被各种传统媒体引用、传播，网络和传统媒体相互作用，相互借力，以致形成某种时尚潮流。某些词语甚至成为描述当年社会生活的流行语。对网络文化的研究不仅丰富语言学及其他成熟学科，还能对研究 21 世纪当代中国社会发展史提供丰富的经验事实资料。

（3）开拓新学科

社会科学发展到今天，研究的问题从社会到个人、从宏观到微观，分类越来越细、门类越来越多，如今建立的学科或发展学科已经有几十种，但是还没有完全囊括当代网络流行语文化现象。笔者认为仅此对网络文化的研究就可以建立网络文化学学科。另外还可以在成熟学科中开拓新的分支学科。例如，在语言学中开拓网络语言学，在经济学中开拓网络经济学、网络营销学，在管理学中开拓网络管理学，在社会学中开拓网络社会学等。网络文化现象是覆盖面较大，社会大众参与较多的文化现象。学界应鼓励更多学者深入研究，建立理论体系。

3. 现实意义

（1）研究流行语有利于引导青少年正确对待新潮流

青少年是流行语现象的创作者、传播者、追随者和效仿者。研究流行语文化现象对于引导他们正确认识社会和文化，特别是正确对待"新潮"具有非常重要的现实意义。根据中国互联网络信息中心（CNNIC）2010 年 1 月发布的《第 25 次中国互联网络发展状况统计报告》的数据，截至 2009 年 12 月，我国网民规模已达 3.84 亿，互联网普及率达到 28.9%。我国网民中10 岁至 29 岁的青少年占网民总数的 60% 以上，小学生网民群体近年来不断攀升，占网民总数的 8.8%。纵观前几年主流媒体和文新报业集团发布的与网络相关的流行语，既展现了网络新媒体技术在我国的飞速发展，同时也反映出由于网民低龄化、未成年人引发的网络社会问题日益增多，急需相关部门采取有力措施应对。

（2）研究流行语有利于运作文化创意产业

现代社会的一个突出特点是为人服务的行业逐渐取代向自然索取资源和加工资源的行业，即第三产业的规模日益扩大。其中文化产业创造的效益在第三产业中的比重日益增加，文化产品成为社会大众的日常消费品。技术的发达使传统的工作方式逐渐被淘汰，人们的闲暇时间日益增多，"以人为本"的观念日益深入人心，因此社会科学研究的一个重要方面，也从以往重视宏观研究向贴近日常生活的微观研究转变，研究为人服务的第三产业，特别是使人愉悦的文化创意产业，例如，研究网络动漫、网络游戏等创意产品的流行语，为文化创意产业积累了新时期的经验事实，以此类流行语为线索，通过深入挖掘并探究开发运作这些产品的成功与失败的案例，可为我国新兴的文化创意产业提供经验研究的依据，有利于我国文化创意产业良性运行与协调发展，为社会大众打造更多更好、具有社会效益和经济效益的文化产品。

# 第二节 研究网络文化的思路和方法

## 一、基于新材料的研究

### 1. 流行语是 21 世纪的新材料

本课题研究的依据是主流媒体流行语,这是从 2003 年开始每年公布的新材料、新数据。2003 年我国几家权威机构开始定期公布"主流报纸|大流行语",其研究方法及提取过程的主办方由北京语言大学、中国新闻技术工作者联合会、中国中文信息学会、国家语言资源监测与研究中心平面媒体分中心联合组成。他们依据"发行量"等因素,选取了 15 家主流报纸每年 1月 1 日至 12 月 31 日的全部语料,汇入北京语言大学应用语言学研究所 DCC 博士研究室的动态流通语料库,进行动态加工分析。此外,上海文汇新民报业集团从 2005 年开始也定期发布中国流行语,而且一开始就有网络通讯类流行语和新媒体流行语。这些流行语反映的都是当代中国最新的社会文化现象。

### 2. 新材料不断拓展创新

2007 年中国传媒大学与上述单位合作,使流行语的提取从印刷媒介扩展到广播、电视等电子媒介。2008 年又增加了网易等 5 家网站,流行语的提取来自平面媒体、有声媒体和网络媒体。上述 15 家报纸、9 家电视台、5 家广播电台、5 家网站过去一年的语料,多达 11 亿字。研究机构在筛选时考虑了流行语的起点、峰值与谷值的落差、流行高峰持续期等相关因素，分析了流行语的变化特点，从而使筛选过程更加精密化、效率化、科学化。

3. 流行语是定量分析的数据

本书研究的依据是主流媒体每年发布的流行语，这些流行语不是基于个人的主观选择，而是基于国家语言资源监测语料库，由国家语言资源监测与研究中心平面媒体语言分中心、有声媒体语言分中心、网络媒体语言分中心联合提取，并由平面媒体语言分中心进行综合、汇总。上述单位每年公布的流行语建立在客观、准确、系统的基础上，目前是国内最权威、最可靠的语言资料，完全可以作为定量分析的数据。语料库是存储于计算机中并可利用计算机进行检索、查询、分析的语言素材的总体。基于语料库的分析方法是对传统的基于规则的分析语言的方法的一个重要补充。语料库具有"大规模"和"真实"这两个特点，因此是最理想的语言知识资源，是直接服务于语言文字信息处理等领域的基础工程。近十几年来，美、英、法、德、日等国家都投入巨资，相继建立了规模较大的语料库。我国从 1990 年开始建立大型的国家级语料库，该语料库由国家语言文字工作委员会主持，组织了语言学界和计算机界的专家学者共同建立。

## 二、基本思路和研究方法

（一）基本思路

本书是 2006 年国家社科基金项目"当代中国流行文化研究"

的子课题"网络流行文化"的后续研究成果，主要研究当代中国的网络流行文化现象。

研究的基本思路和主要内容是：

1. 描述网络现象

以 2002～2010 年主流媒体发布的网络流行语、网民创造的网络流行语，以及大学生在校园常用的流行语为主要研究内容，运用文化学家常用的文化观察法，把网络流行语看做文化特质，并将网络文化特质分门别类地整理为网络文化集丛。

2. 分析成因后果

研究资料在经过梳理、描述后，分纵、横两个方面展开，纵观 21 世纪前十年来网络流行文化的脉络和轨迹，横览每年的重点网络流行文化现象并做专题研究，例如网络恶搞现象、网络红人现象、网络游戏、网络流行语等。

3. 预测发展趋势

在对几年来网络流行文化现象观察的基础上，对网络文化现象做出评价和预测，并总结网络文化区别于其他文化所体现的精神价值和独特之处。

4. 提出解决方案

任何现象和事物都存在正反两方面的影响和效果，网络文化也不例外。在社会大众热衷上网的同时，也出现了网络引发的社会问题。本书对这些社会问题及政府和相关机构采取的解决方案也做了介绍和分析。

（二）研究方法

本课题的研究方法是以 2002～2010 年 8 年间权威机构公布的流行语信息为依据，运用文献、访谈、问卷、社会调查、定量分析、定性分析等方法对以上设定的问题进行描述、分析、解释、概括及预测，并对其中某些问题提出对策及解决方法。

美国著名文化人类学家拉尔夫·林顿（Ralph. Linton）在《文化树——世界文化简史》中表述过把纷繁复杂的世界文化现象比做文化树的思想。这种认识文化的独特视角对社会学家分析流行语反映的社会文化现象很有启迪。我们借鉴林顿的思想，用观察法把流行语看做文化特质，即文化现象的点；用分类法把同质、同类的流行语整理为文化集丛，即文化现象的线和面；用分析法探索某类文化集丛中文化现象形成的原因、发展过程及影响、未来的走势、不同文化集丛之间的相互关系，并试图归纳概括出持续对社会成员价值观形成影响的文化模式，即文化现象的立体模块或文化系统。这就好比把社会文化看做树：流行语文化特质是叶和花；各种流行语文化集丛是树枝；相互交错、强大的文化集丛形成文化模式，即树的主干；叶、花、枝、干构成树的整体，即社会文化系统。社会学家观察、类比、分析的方法符合唯物辩证法的基本观点，即用联系的、变化的、发展的视角认识流行语现象。

上述收集、观察、整理、分析文化现象的方法，最终达到对文化现象从点、线、面到模块和系统的整体认识。

具体研究步骤是：

1. 收集和整理文化现象

首先整理出文化集丛。将网络通讯类、新媒体类流行语文化特质整理成网络文化集丛，并把相关流行语分成若干专题进行研究。

2. 全面观察文化现象

观察视角决定课题内容分纵、横两方面，纵观 8 年流行语反映出的流行文化脉络和轨迹，特别关注那些持续影响社会成员价值观的文化现象；横览每年的重点流行文化现象并做专题研究，例如，网络热点现象、网络社会问题等等。

3. 实证研究

对不同年龄、地区、职业、文化程度的社会成员做关于网络文化认识和感觉的相关调查和定量分析研究。

4. 评价文化现象及趋势

在对 8 年网络文化现象观察、描述的基础上，对网络文化的主流现象和发展趋势做出评价。

5. 完成研究并争取出版资助

关于流行语文化的研究在课题未结束时，就引起了相关部门的兴趣。已经被列入北京市 2009 年重点图书选题，将出版若干本专著并组成系列丛书。

（三）局限与不足

1. 只研究了部分载体的流行语

受时间、资金、人力等许多条件的限制，本书主要研究我国的报纸、广播、电视、网络等主流媒体发布的流行语，而对书籍、杂志、手机等流行语载体传播的流行语没有涉及。

2. 只研究了书面形式的流行语

前面谈到作为研究依据的数据资料主要来源于报纸、广播、电视、网络等每年约十几亿字的语料，这些语料是文字形式的书面语言，而非生动鲜活的口头言语。

3. 只研究了官方的流行语

本书依据的流行语资料来源于政府主办的媒体，对于民间的流行语没有研究。

## 三、创新与难点

（一）创新之处

### 1. 填补空白

社会学的一大特色就是创立了许多分支学科，现在到了开创网络社会学的时代了。国内社会学界针对网络社会的研究是最近几年才开始的，尤其是互联网在国内开始普及以后。我国最早提出建立网络社会学的学者是重庆行政学院社会学部的戚攻教授，他于 2000 年的《探索》第三期上发表了文章《网络社会——社会学研究的新课题》。近年来国内也出版、刊发了相关著作和论文，但是迄今为止，社会学家对于网络虚拟空间所做的社会学思考，尚未形成系统整体的研究。因此，针对网络虚拟空间的独特本性，建构一套有深厚理论支撑的概念命题系统，是目前网络社会学研究所面临的重要挑战，也是网络社会学研究所需要突破的中心所在。我们的子课题以流行语为切入点，涉及到以往未触及的新问题。例如对近几年流行的博客现象、恶搞现象的分析，为进一步构建和完善网络社会学增添了新成果。

### 2. 分析个案

网络流行现象是近几年出现的比较新的文化现象，目前对网络文化的研究基本都停留在宏观层面，而少有对具体网络流行文化现象进行个案研究的例子。本课题即从个案入手，通过对几种有代表性的网络文化现象的调研，分析、评价和总结网络流行文化的特质。

3. 注重应用

（1）成果被列入 2009 年北京市重点选题

关于流行文化的研究可以开发出一套丛书，已经被北京市新闻出版局列入 2009 年北京市图书出版重点选题。2010 年以后陆续在旅游教育出版社出版"当代中国流行文化研究"系列丛书，其中包括《流行语折射的网络文化》。

（2）为本科生开设公选课

本书主编在科研成果的转换和应用方面做了很好的尝试，开发了一门受高校本科生欢迎、评价高的课程。她于 2008 年秋季在首都师范大学为全校本科生开设公选课"流行语反映的时尚文化"。每年大约 300 多名本科生报名选课，每年期末评估都在 90 分以上。其中的"网络流行文化"专题很受学生欢迎，并引起热烈讨论。

（二）研究难点

1. 选材难度大

网络文化现象比较驳杂，在选取有代表性的文化现象进行研究方面需慎重。

2. 参考资料少

目前相关的研究资料较少，在研究过程中，需展开大量调研获取第一手资料。

3. 力量薄弱

目前国内学习网络专业的人员大部分是从技术层面切入，实际上网络的发展会引发许多新的社会文化问题，而从社会科学切入研究网络文化和网络社会问题的专家学者很少，因此，本书的研究受到人力、资金等的多方面限制。敬请广大读者和专家学者批评指正！

# 网络流行语展示

# 第一节　主流媒体流行语

**2002 年**

网络抄袭（30 条流行语候选词语）

**2004 年**

年度文化类：博客

文新报业集团发布的网络通讯流行语：MSN、黑网吧、电子竞技、电子签名、彩铃、博客、拍照手机、双模手机、下一代互联网、闪客

**2005 年**

年度文化类：博客

文新报业集团发布的网络通讯流行语：手机电视、手机报、数字家庭、播客、3C 融合、IP 电视、数字媒体、百度上市、沃客、Google 地球

**2006 年**

春夏文化类：名人博客

年度文化类：恶搞

文新报业集团发布的新媒体流行语：手机电影、文明办网、威客、电子杂志、博客实名制、移动多媒体广播、二维码、移动数字电视、网络广播、掘客

网络通讯流行语：闪存、谷歌、流氓软件、黑莓、中国3G、口令卡、手机实名制、红莓、海底光缆、反流氓软件

**2007 年**

春夏社会类：熊猫烧香、打击网络淫秽色情专项行动、网络游戏防沉迷系统

文化类：网络暴民、播客

教育类：网络游戏防沉迷系统

年度社会类：熊猫烧香、打击网络淫秽色情专项行动、网络游戏防沉迷系统

文新报业集团发布的新媒体类流行语：传媒股、换客、《开啦》、印客、电子纸、数字报业、网络短剧、富媒体、阿里巴巴上市、试客

网络通讯流行语：熊猫烧香、手机电池爆炸、手机单向收费、iphone、数字社区、无线城市、飞信、TD 手机、城际通、取消漫游费

**2008 年**

春夏民生专题：手机漫游费

年度科技类：TD（第三代移动通信标准）、CMMB（中国移动多媒体广播）

文教体育类：垃圾短信

社会生活类：山寨、"黑屏"、人肉搜索

文新报业集团发布的网络通信类流行语：黑屏、人肉搜索、开心网、网络暴力、TD 手机、起点中文网、山寨手机、新联通、移动互联网、携号转网

雷词类流行语：山寨、囧、俯卧撑、"很黄很暴力"、"雷"、打酱油、很傻很天真、脑残、槑、又腰肌

**2009 年**

春夏文化教育类：绿坝－花季护航

社会问题专题：躲猫猫

年度社会生活类：整治互联网低俗之风

文化教育类：微博

文新报业集团发布的网络类流行语：物联网、微博、绿坝、智能电网、绿色上网、"偷菜"、开心农场、网货、全媒体、下一代广播电视网

雷词类流行语：躲猫猫、不差钱、贾君鹏、秒杀、哥吃的不是面是寂寞、经济适用男、替党说话、还是替老百姓说话、杯具、寂寞党、你妈妈喊你回家吃饭

**2010 年**

春夏文化娱乐类：网络春晚

社会生活类：团购、秒杀、百度被黑、谷歌退出中国

科技类：3D（3D 电视、3D 电影、3D 技术）、三网融合、物联网、智能手机

年度综合类：微博

# 第二节　网民流行语

网民流行语是为了区别主流媒体发布的与网络相关的流行语，就是网民在网络上使用的流行语言，是网民们约定俗成的表达方式。这些网络流行语大多是年轻人创造的，因而有两大特征：年轻化及文化性。展示如下：

1. 称呼语

偶：我的意思

MM：妹妹全拼的缩写

GG：哥哥全拼的缩写

JJ：姐姐全拼的缩写

DD：弟弟全拼的缩写

GF：女朋友英文 girl friend 的缩写

BF：男朋友英文 boy friend 的缩写

PLMM：漂亮美眉全拼的缩写

PPMM：漂漂美眉的拼音缩写

美眉：妹妹

2. 问候类

CU：SEE YOU（英惯用语转来）

CYA：SEE YOU

R U O K：ARE YOU OK?

白白：再见

IOWAN2BWU：I only want to be with you

M$ULKeCraZ：Miss you like crazy

OIC：Oh, I see

CUL8R：See you later

RPWT：人品问题（多用于解释某人无故倒霉）

OICQ：意思是 oh, I seek you

3166：再见（日语）

886：再见

3Q：THANK YOU

PF：佩服

3. 别称类

SL：色狼（该词也有"Save/Load"含义，指在游戏中为了通关不停地存档读档）

犬科：追逐女生，尤其是坛子里的 MM—味精，KISSYOU 等人

狼族：与犬科不同，作风比较正派。经常独自出没于论坛，虽然爱美色，但不死缠硬磨 MM

老大：常被众人吹捧又常被众人暴打的人，楼主即发帖子的人

楼上的：前一个发帖子的人

斑竹：版主之意，有时写作板猪等

板斧：版副

LS：楼上

LZ：楼主

LX：楼下

RT：如题

TS：同上

RP：人品，一般指运气

MS：貌似

BC：白痴

BS\B4：鄙视

BT：变态（该词也有 BitTorrent 下载的含义，也有 Bad Taste 品味差的意思）

马甲/MJ：已经注册的论坛成员又以不同的 ID 注册，一般指不常用的，区别于"主号"

zt3：猪头 3

zt4：猪头 4（借用流星花园杉菜语）

菜鸟：表示什么都不懂

MPJ：马屁精

ODBC：哦大白痴

XB：小白－＞小白痴（该词也作为微软 XBox/XBox360 的简称）

SB：1. 本论坛的简称；2. 对某些人的蔑称。请大家不要混淆

lr：烂人

lj：垃圾

腹黑：黑心肝，或是表里不一

PS：1.photoshop；2. 补充说明

BY：作者

4. 发泄类

靠：语气词

倒：表示动作，现常用 Orz

晕倒：无法理喻到了极点

9494：就是！就是！

me too：我吐

YY：意淫

表：不要，将"不要"两字快速连读而成

酱紫：这样子，将"这样子"三字快速连读而成

好康：好看

牛 B：又作 NB/NX/ 牛 X/ 牛叉，厉害的意思

ze：贼恶（真恶心吧），真恶

SE：少恶

BBS：波霸（big breast sister）

FT：faint 的简称，晕倒的意思

粉：很（由闽南方言演变）

寒：害怕

木有：没有（出自方言）

米：钱（有时指域名）

7456：气死我了

874：不去死！

5. 动作类

灌水：发无聊的帖子

抛砖：跟帖

拍砖头：批评某帖

闪：离开

踢一脚：跟帖

路过：随便看了一下帖子而已

874：扇耳光，由 Mop 当中代号为 874 的表情贴图而来。

PP：批批,可能是批评指正的意思.（该词也有"漂漂"、"屁屁"的意思）

ZT：转帖

pmp：拍马屁

pmpmp：拼命拍马屁！

6. 其他类

纯净水：无任何内容的灌水

水蒸气：也是无任何内容的灌水

弓虽：强的左右部分，详见"火星文"

BTW：By the way，顺便说一下（英惯用语转来）

# 第三节　校园流行语

　　除了网络上丰富的流行语以外，在充满活力的校园里，学生们也以他们的活力创造出了属于他们的校园流行语。这类流行语有：特困生、软着陆、寄托、286、崩盘、BRB、ing 或 ed、名捕、自大了一点。当然，除了一些正面的活泼的校园语，也会有一些负面情绪的校园流行语，比如：郁闷、不爽、我晕、月抛型、排骨美女、黑暗料理、Old three old four、3.72 平方、根号 3、跟包、跌停板、死机、本草纲目、奥特曼、小花、免提听筒，等等。校园流行语中的"郁闷"，流行很广泛，早已跨越了校园范围。

　　一上课就想睡觉的学生叫做特困生（官方对家境特别困难学生的称呼），学生通过补课后成绩勉强过关被称为软着陆，寄托就是代表 GRE（美国研究生入学考试资格考试）和托福（TOEFL）考试，这些都是中国大学校园时下的流行语。2007年 12 月 17 日的《解放日报》报道，大学校园流行语有些非常另类，例如 286，是借已被淘汰的电脑处理器来比喻行动迟缓、反应较慢的人，股市用语崩盘被拿来指恋爱告吹，BRB 代表 be right back，意思是"很快回来"。校园海报栏里经常可见用英文"ing"或"ed"，表示某些活动正在开展或已经结束。不少校园流行语带有趣味性，如名捕比喻那些对考试作弊学生毫不留情的监考老师，自大了一点儿就是"臭"，因为"臭"字的组成部分是"自、大、点儿"。负面情绪的校园流行语也不少,例如郁闷、不爽、我晕,都是抑郁、孤独等负面情绪的代名词。①

网上也有些大学生自创的校园流行语,摘录如下:

月抛型:隐形眼镜一种,又指每个月要换个恋爱对象的人。排骨美女:以瘦为美的女性。黑暗料理:路边食摊。Old three old four:老三老四。3.72平方:十三点不三不四。根号3:尚嫌矮的男青年。跟包:跟在后面拎包。跌停板:运气差到极点;绝对不受异性青睐。死机:一时呆住了,反应不过来。本草纲目:又笨又吵又戆又木。奥特曼:落伍的人(outman)。小花:花痴。免提听筒:经常自言自语,没人爱听。

# 第四节　网络流行语文化集丛

观察近年来发布的主流媒体流行语和文新报业集团发布的网络通信流行语、新媒体流行语,内容大致可分为:网络、手机、电子产品、数字技术等。将2002～2010年的网络流行语集中并按问题分门别类整理成表格,就成为网络文化集丛。网络文化集丛流行语展示了两大方向:一是近年来网络文化传播的热点和新形式,二是网络传播引发的社会问题和对策。

---

① 大学校园另类流行语.联合早报,2007-12-18。

表 2-1　网络流行语分类

| 类别 | 流行语 | 数量 |
|---|---|---|
| 网络热点 | 博客（3）、闪客、播客（2）、沃客、名人博客、威客、掘客、换客、印客、试客、微博（3） | 16 |
| 网络传播形式 | 下一代互联网、富媒体、物联网（2）、全媒体、下一代广播电视网、三网融合 | 7 |
| 网络搜索 | 百度上市、Google 地球、谷歌、百度被黑、谷歌退出中国 | 5 |
| 网络商务 | 阿里巴巴上市、网货、团购、秒杀 | 4 |
| 网络娱乐 | 网络广播、《开啦》、网络短剧、开心网、起点中文网、"偷菜"、开心农场、网络春晚 | 8 |
| 网络社会问题 | 网络抄袭、黑网吧、恶搞、流氓软件、熊猫烧香（2）、网络暴民、黑屏（2）、人肉搜索（2）、网络暴力、躲猫猫 | 13 |
| 对策和措施 | 文明办网、博客实名制、反流氓软件、打击网络淫秽色情专项行动（2）、网络游戏防沉迷系统（2）、绿坝 - 花季护航（2）、整治互联网低俗之风、绿色上网 | 11 |

# 流行语折射的网络热点和传播新形式

　　本章主要描述流行语反映出来的近年来网络和媒体传播的新形式。传播形式的更新体现出新技术是改变传播方式的基础。有了新技术的应用，才使网络媒体实现了变革。网络媒体变革深刻地影响着人们的日常生活，以至于出现了许多和网络相关的既时尚又新潮的新词语。例如，"网客"类新词语大部分源于美国，但是"威客"是中国人独创的，因此专门在本章第一节介绍，其余的"网客"按照各自功能在第四章描述。

# 第一节　网络热点分类

　　网络时代改变了传统的大众传播模式，尤其随着网络论坛—博客—微博的依次出现，人们走进了一个不再设有严格意义"把关人"的自媒体时代，人人都成了语言创造者，都成了"造词家"。在人类发展的历史上，人民大众的语言创造力从来没有像今天这样得到张扬，语言生活从来没有像今天这样新鲜活泼，新词语从来没有像今天这样活跃，尤其是那些带有鲜明草根色彩的新词语更是从来没有像今天这样传播迅速，影响广泛。近些年来几个类词缀"～族、～门、～奴、～男、～女、～客、～二代"等使用率居高不下，呈现了一种羊群效应。正是这种原因，近几年来，每年都会形成几个比较大的新词语的"词语群"。本节把近年来和网络文化相关的带"客"后缀的流行语单独作为一节描述分析。

## 一、"网客"流行语

博客、名人博客、闪客、播客、沃客、掘客、威客、换客、印客、试客，这些网客流行语出现在 2005 ～ 2007 年主流媒体和文新报业发布的网络类流行语中，而且基本都被国家语委收入相应年份发布的汉语新词语中。网客已经深入到社会成员的日常生活中，这些网客的应用基本涵盖了信息获取（掘客、印客）、商务交易（威客、换客、试客）、交流沟通（博客、名人博客）和网络娱乐（闪客、播客、沃克）等领域。网客流行语反映的网络现象大多数都是源于美国，只有威客是中国概念，所以值得单独研究。

## 二、威客

威客被收入 2006 年文新集团发布的新媒体流行语。威客 witkey 是教育部 2007 年 8 月公布的 171 个汉语新词之一，同年 6 月进入中国高考试题。以下内容摘自威客理论创始人刘锋的论文《威客理论原理》。

（一）定义及背景

按照威客模式创始人刘锋给出的定义：定义 1，威客模式即人的知识、智慧、经验、技能通过互联网转换成实际收益的互联网新模式。主要应用包括解决科学、技术、工作、生活、学习等领域的问题。体现了互联网按劳取酬和以人为中心的新理念。定义2,威客的英文 Witkey 是 The key of wisdom 的缩写,是指通过互联网把自己的智慧、知识、能力、经验转换成实际收益的人,他们在互联网上通过解决科学、技术、工作、生活、学习中的问题从而让知识、智慧、经验、技能体现经济价值。

自本世纪初,互联网开始加速发展,各种创新型应用和互联网新概念不断出现,例如搜索引擎、电子商务、博客、维基百科等。这些应用和概念与知识管理都有着或多或少的关系。如何利用互联网进行知识管理已引起互联网界和知识管理学界众多学者的高度关注。威客模式就是在这个大的背景下产生的,它是利用互联网进行知识管理的网络创新模式。Witkey 和威客这两个词完全是中国首创。该概念最先由刘锋在中国科学院研究生院提出。2005 年,刘锋开始建立一个互联网网站 www. witkey.com 将中国科学院的专家资源、科技成果与企业的科技难题对接起来。在建设网站的过程中,刘锋发现通过互联网解决问题并让解决者获得报酬是互联网一个全新的领域,于是开始通过边实践边总结的方式对这个领域进行探讨和研究。

在研究的过程中,刘锋提出三个相互关联的观点:第一,从 20 世纪 80 年代开始,电子公告牌的功能不断分离,产生出博客、维基百科等互联网新应用,智力互动问答功能从 21 世纪初也开始从电子公告牌中分离出去。第二,随着互联网支付手段的不断成熟,信息完全免费共享的互联网时代已经过去。知识、智慧、经验、技能也具备商业价值,可以成为商品进行买卖。第三,知识、智慧、经验、技能的价值化是促进人参与到智力互动问答的催化剂。基于上述三个观点,2005 年 7 月,刘锋在一篇讨论文章中第一次提出了威客模式的概念:人的知识、智慧、经验、技能通过互联网转换成实际收益的互联网新模式。主要应用包括解决科学、技术、工作、生活、学习等领域的问题。

（二）应用效果

2005 年 11 月开始，中国相关媒体开始关注威客领域，2006 年 9 月，中国中央电视台的新闻报道使威客概念被广为传播。数百家网站认同并纷纷进入这个领域。目前的威客网站"GoogleAnswer"、"百度知道"、"新浪爱问"等都是基于大型搜索引擎的威客网站，采用的是积分激励机制。不过，到目前为止，国内一些专业的威客网站同这些大型互联网公司相比更胜一筹，因为他们多数采用的都是现金激励机制，如"K68"、"猪八戒威客网"、"任务中国"等。威客的盈利模式主要靠发布任务和承担任务，即个人或企业若有需求，如为孩子取名、为公司设计 Logo 等，便可在威客网站上发布任务、悬赏金额和设定任务期限，等在电脑那头的威客便会通过竞标的方式接下该任务。此类威客网站的出现，给每一个上网的人创造了赚钱的机会。通过它们，每一个人都可以将自己的知识、经验、经历或者任何一种服务作为一种商品主动销售；或者在别人提出需求时，将自己拥有的知识、经验、经历或者任何一种服务提供给其他人。该项目既不需要资金的投入，也不需要固定的时间、地点来做这项工作。在威客网站上，个人和企业只需发布任务，公布任务期限和赏金，网上的威客就会竞标来争取任务。威客任务小到宠物取名，大到广告设计，应有尽有，赏金也根据难度不同从几十元到上万元不等。一旦方案被发布方选中，威客可以得到赏金的 80%，赏金另外的 20% 归威客网站所有。目前威客主要由三部分人构成：大学生，在家照顾小孩的专职母亲，有充足业余时间、工作量不饱和的专业人士等。由于威客模式尚没有可借鉴的成功案例，因此，各个威客网站对今后如何发展的认识也不尽相同。专家分析说，在未来几年内，一批规模小、资金实力薄弱的威客网站将会被淘汰。今后威客网站应该尽量争取企业用户，并针对企业用户的需求做出改进。①

从 2005 年威客模式第一次在中国科学院研究生院提出以来，目前在中国有超过 200 家网站认同威客模式理念，这些网站涵盖的范围包括法律、管理咨询、农业、教育、程序和图形设计、科研、体育、医疗、招聘等多个领域。总注册用户超过 500 万人（对注册用户量前十名进行统计），付费解决问题超过 20 万条（对认同威客模式的 100 家网站进行统计）。交易金额超过 1 000 万元人民币（对交易金额最大的 5 家网站统计）。威客模式的出现也引起了媒体的广泛关注。已有中国中央电视台、《中国日报》、《人民日报》、《国际文传电讯》、《德国明星周刊》等数百家国内外媒体对威客模式进行了报道。2007 年，witkey 的概念进入中国高考试题，数百万考生因此了解威客模式。2007 年 8 月，中国教育部将威客列入中国 2007 年 171 个新出现的汉语词汇。②

---

① 威客将成互联网新宠.人民邮电报，2007-06-06。
② 威客是什么.百度百科，百度网。

# 第二节　网络传播形式

　　互联网技术是在计算机技术的基础上发展出的一种信息技术，互联网技术的普遍应用，是人类进入信息社会的标志。在20世纪的最后几年，美国宣布了美国国家信息基础设施的规划，简称NII，俗称信息高速公路。此后，互联网进入商品化时代。1996年美国34所著名大学在芝加哥发起研发"下一代互联网"项目。21世纪初期，我国也提出并付诸实施"下一代互联网"工程，标志我国正在向"后工业社会"即信息社会迈进。网络技术是通向信息社会的钥匙。我国互联网技术的发展也体现在21世纪前十年主流媒体发布的流行语中，例如：下一代互联网、富媒体、物联网、全媒体、下一代广播电视网等，展示了当代中国互联网技术发展和网络传播的形式。其实，信息传播必须具备的两大要素是连接和载体，即网络和媒体。网络连接和媒体平台都发生着日新月异的变化，为网络文化的传播提供更加便捷的路径。

## 一、网络传播

　　计算机网络是用通信线路和通信设备将分布在不同地点的多个自治计算机系统互相连接起来，按照共同的网络协议，共享硬件、软件和数据资源的系统。

（一）下一代互联网

下一代互联网是 2004 年文新集团发布的网络流行语。互联网的更新换代是一个渐进的过程。虽然目前学术界对于下一代互联网还没有统一定义，但对其主要特征已达成如下共识。下一代互联网应该使以下因素更强：①更大：采用 IPv6 协议，使下一代互联网具有非常巨大的地址空间，网络规模将更大，接入网络的终端种类和数量更多，网络应用更广泛；②更快：100 M 字节 / 秒以上的端到端高性能通信；③更安全：可进行网络对象识别、身份认证和访问授权，数据加密，信息的完整性与安全性更有保障，网络更可信任；④更及时：提供组播服务，进行服务质量控制，可开发大规模实时交互应用；⑤更方便：无处不在的移动和无线通信应用；⑥更可管理：有序的管理、有效的运营、及时的维护；⑦更有效：有盈利模式，可创造重大社会效益和经济效益。

2002 年，我国 57 位院士上书国务院，呼吁"建设我国第二代互联网的学术性高速主干网"。次年 8 月，国务院正式批复由国家发改委、中国工程院、信息产业部、教育部等 8 部门联合启动"中国下一代互联网示范工程"。2004 年 12 月底初步建成 CERNET2，它连接全国 20 个主要城市的 25 个核心节点，为数百所高校和科研单位提供下一代互联网的高速接入，并通过中国下一代互联网交换中心 CNG-6IX 高速连接国外下一代互联网。在 IPv4 时代，我国在互联网领域的研究落后国外 8 至 10 年。IPv6 的顺利实施，使我国在这一领域的研究与应用已与国际水平并驾齐驱，一些方面甚至领先国际水平。

2008 年 12 月 3 日在北京召开了以上 8 个部门参加的"中国下一代互联网示范工程阶段总结和成果汇报大会"。中国下一代互联网研究与产业化获得重大突破：现已建成包括 6 个核心网络，22 个城市 59 个节点以及北京和上海两个国际交换中心的网络，273 个驻地网的 IPv6 示范网络。尽管我国的互联网建设取得阶段性成果，但是，仍然面临较大的国际压力。下一代互联网的研究开发特别是产业化是一个长期过程，国际竞争日趋激烈。美国、欧洲、日本等发达国家和地区在审视技术路线和发展趋势后，又制订了下一代互联网发展计划。欧盟已经明确要求在 2010 年前推动 25% 的个人及机构试用 IPv6 网络，美国也在 2008 年突然加快了 IPv6 的部署与实施，所申请的 IPv6 地址从世界排名第 11 位突然上升到第 1 位，我国仅处于第 16 位。因此，我国的相关部门还需增强工作紧迫感，进一步加快推动下一代互联网项目向深度和广度发展，保证我国在下一代互联网产业发展及科研上的领先优势，继续抢占国际下一代互联网竞争的战略制高点。[①]

（二）下一代广播电视网、三网融合

下一代广播电视网是文新报业集团 2009 年发布的网络类流行语，三网融合是主流媒体 2010 年度科技类流行语。其实这两个流行语表达的是同一种意思，下一代广播电视网简称 NGB，即电信网、计算机网和有线电视网三网融合，有线无线相结合、全程全网的广播电视网络。它不仅可以为用户提供高清晰的电

---

① 参见，我国下一代互联网研究与产业化获得重大突破 . 中国教育和科研计算机网 http://www.edu.cn，2008－12－03。

视、数字音频节目、高速数据接入和语音等三网融合业务，也可为科教、文化、商务等行业搭建信息服务平台，使信息服务更加快捷方便。

2009 年 7 月 31 日上午，科技部、国家广电总局和上海市政府在上海举行了"中国下一代广播电视网启动暨上海示范网合作协议"签字仪式。广播电视是中国最普及的信息工具和最便捷的信息载体，经过几十年的建设和发展，中国目前已拥有世界上用户规模最大的广播电视网。中国下一代广播电视网瞄准的就是全国有线电视用户。上海率先启动示范网建设，计划在 2010 年前覆盖上海地区的 50 万用户，中国其他城市陆续跟进。中国计划用 10 年左右时间，对原有有线电视网进行改造升级，使千家万户的广播电视服务过渡到 NGB 网络。

下一代互联网的核心技术是由中国国内 53 家机构、3 000多名科技人员、历时 8 年多自主研发的重大科技成果——高性能宽带信息网（3TNet）。"如果把 NGB 比做畅通无阻的超宽高速公路，公路上高速驰骋的各种汽车就是丰富新颖的节目和互动服务。"中国 NGB 总体专家委员会主任、中国工程院院士邬江兴生动地比喻说，"有了 3TNet 核心技术的信息高速公路，车速将是现在的几百倍。"[1]"下一代广播电视网，具有容量大、双向交互、多功能集成等特点，还具备可管、可控、可信的突出优势。"[2]国家广电总局局长王太华展望未来时表示，NGB 所提供的、丰富多彩的文化内容与服务，将满足中国民众多元化、多层次的精神需求，这对于推动"虚拟消费"和调整经济结构，

① 下一代广播电视网：从"看电视"到"用电视".新华网，2009-08-01。
② 同上。

也是意义重大。对于下一代广播电视网的前景，上海市市长韩正也充满信心。他说："这一网络将通达千家万户，使民众享受信息技术带来的、丰富多彩的文化娱乐服务。"① 由于 NGB 可以提供互动电视、电子商务、在线娱乐、个人通讯、医疗教育、金融证券、社区服务、物流等各种类型的服务，传统的电视内容提供商将会变成信息系统的综合服务商。

下一代广播电视网的建设将改变传统的广播电视单向传播的功能，使社会成员实现与广电传媒的互动。中国人只需坐在家中的电视机前，就能足不出户遍访名山大川，问诊名老中医，享受到远程教育、金融、购物、游戏等便捷服务。未来 10 年间，中国普通民众有望实现从"看电视"到"用电视"，乃至"玩电视"的转变。

## （三）物联网

物联网一词被收入文新报业集团 2009 年网络类流行语和 2010 年主流媒体年度科技类流行语。物联网是新一代信息技术的重要组成部分。其英文名称是"The Internet of things"。"物联网就是物物相连的互联网"。这有两层意思：第一，物联网的核心和基础仍然是互联网，是在互联网基础上的延伸和扩展的网络；第二，其用户端延伸和扩展到了任何物品与物品之间，物物间可进行信息交换和通信。

2009 年 9 月，在北京举办的"物联网与企业环境中欧研讨会"上，欧盟委员会信息和社会媒体司某部门负责人罗恩·佛德瑞克斯（Lorent Ferderix）博士给出了欧盟对物联网的定义：物联

---

① 下一代广播电视网：从"看电视"到"用电视"．新华网，2009－08－01。

网是一个动态的全球网络基础设施，它具有基于标准和互操作通信协议的自组织能力，其中物理的和虚拟的"物"具有身份标志、物理属性、虚拟的特性和智能的接口，并与信息网络无缝整合。物联网将与媒体互联网、服务互联网和企业互联网一道，构成未来互联网。①

物联网是互联网的应用扩展，应用创新是物联网发展的核心，以用户体验为核心的创新是物联网发展的宗旨。通过各种信息传感设备，如传感器、射频识别技术、全球定位系统、红外感应器、激光扫描器、气体感应器等各种装置与技术，实时采集任何需要监控、连接、互动的物体或过程，采集其声、光、热、电、力学、化学、生物、位置等各种需要的信息，与互联网结合所形成的一个巨大网络。其目的是实现物与物、物与人，所有的物品与网络的连接，方便识别、管理和控制。

物联网的实践最早可以追溯到 1990 年施乐公司的网络可乐贩售机。最早的物联网概念是 1999 年在美国召开的移动计算和网络国际会议由阿什顿（Ashton）教授提出。中国科学院 1999年也启动了传感网的研究，并建立了一些适用的传感网。2003年美国《技术评论》提出传感网络技术将是未来改变人们生活的十大技术之首。2008 年金融危机后，为了促进科技发展，寻找经济新的增长点，各国政府开始重视下一代的技术规划，将目光放在了物联网上。2009 年 2 月 24 日在国际商业机器公司(IBM) 论坛上，该公司大中华区首席执行官钱大群提出了名为"智慧的地球"的最新策略。此概念一经提出，即得到美国各界的高度关注，甚至有分析认为这一构想极有可能上升至美

① 冲出数字化：物联网引爆新一轮技术革命.机械工业出版社，2010。

国的国家战略，并在世界范围内引起轰动。IBM 公司认为，互联网产业下一阶段的任务是把新一代互联网技术充分运用于各行各业之中，具体地说，就是把感应器嵌入和装备到电网、铁路、桥梁、隧道、公路、建筑、供水系统、大坝、油气管道等各种物体中，并且被普遍连接，形成物联网。在策略发布会上，他们还提出，如果在基础建设的执行中，植入"智慧"的理念，不仅仅能够在短期内有力地刺激经济、促进就业，而且能够在短时间内为中国打造一个成熟的智慧基础设施平台。该公司希望"智慧的地球"策略能掀起"互联网"浪潮之后的又一次科技产业革命。①

中国政府非常重视发展物联网产业。2009 年 8 月温家宝总理在视察中科院无锡物联网产业研究所时，对于物联网应用提出要求。自温总理提出"感知中国"的物联网理念以来，物联网被正式列为国家五大新兴战略性产业之一，写入政府工作报告，物联网在中国受到了全社会极大的关注，其受关注程度是美国、欧盟以及其他各国不可比拟的。2011 年物联网列入了"十二五"国家重点专项规划。"十二五"期间中央财政将根据我国物联网发展规划及其产业发展状况，进一步健全支持物联网发展的财政政策体系，加强与产业政策、科技政策的协调配合，充分发挥财政政策的引导和激励作用，积极吸引社会资本加大对物联网的投入，并积极鼓励和支持有条件的地方制定本地区支持物联网发展的财政政策。

---

① IBM 公布"智慧的地球"新策略. IT 商业新闻网 www.itxinwen.com，2009-02-24。

## 二、媒体传播

所谓媒体，是指传播信息的中介，通俗的说法就是通过什么传播，即宣传的载体或平台，能为信息传播提供平台的就可以称为媒体了。媒体传播至少由三要素构成，即"谁"通过"什么渠道""向谁"传播。所谓渠道就是媒体。网络时代与以往不同的是，不仅在人类传播史上创立了新渠道、新媒体；同时也颠覆了受众的作用。即个人也是媒体内容的创作者和发布者，不再单向被动地作为受众了。至于媒体可以传播的内容，各国政府都有服务于现行制度的规定。

流行语中的富媒体、全媒体，我们通过不同维度的划分，辨析其间的区别。

从媒体出现先后顺序来划分：书籍、报纸、刊物为第一媒体，广播为第二媒体，电视为第三媒体，互联网为第四媒体，移动网络为第五媒体。其中第四、第五属于新媒体范畴。按媒体的形式划分，分为平面、电波、网络三大类。平面媒体，主要包括印刷类（书籍、报纸、杂志）；电波媒体，主要包括广播、电视广告（字幕、标版、影视）等；网络媒体，主要包括网络索引、动画、论坛等。以传播信息的状态划分，平面媒体只能传播静态的文字、图片等信息；而电波媒体、网络媒体能够传播动态和互动的信息。还可以从媒体的载体材料来划分，即平面印刷媒体：书籍、报纸、刊物的载体材料是纸质，电波媒体、网络媒体的载体材料是光电。说到这里就能简洁地概括出富媒体和全媒体的区别，即富媒体仅限于电波媒体、网络媒体等光电媒体，全媒体除了光电媒体以外还包括平面媒体，即纸质载体和电子载体等所有媒体。

## （一）媒体概说

美国政治学家拉斯韦尔在其 1948 年发表的《传播在社会中的结构与功能》一文中，最早以建立模式的方法对人类社会的传播活动进行了分析，这便是著名的"5W"模式。"5W"模式界定了传播学的研究范围和基本内容，影响极为深远。"5W"模式是：谁（Who）→说什么（Says What）→通过什么渠道（In Which Channel）→对谁（To Whom）→取得什么效果（With What Effects）

其称谓来自模式中五个要素同样的首字母"W"。这五个要素又构成了后来传播学研究的五个基本内容，即控制研究、内容分析、媒介研究、受众研究和效果研究。这五个要素各有其自身的特点，"谁"就是传播者，在传播过程中担负着信息的收集、加工和传递的任务。传播者既可以是单个的人，也可以是集体或专门的机构。"说什么"是指传播的信息内容，它是由一组有意义的符号组成的信息组合。符号包括语言符号和非语言符号。"渠道"，是信息传递所必须经过的中介或借助的物质载体。它可以是诸如信件、电话等人际之间的媒介，也可以是报纸、广播、电视等大众传播媒介。"对谁"，就是受传者或受众。受众是所有受传者如读者、听众、观众等的总称，它是传播的最终对象和目的地。"效果"，是信息到达受众后在其认知、情感、行为各层面所引起的反应。它是检验传播活动是否成功的重要尺度。

互联网的出现使大众传播领域增加了一个新的传播渠道，同时也改变了受众与媒体的关系，即他们不再是被动地接受信息，同时，他们也是信息的发布者。

## （二）富媒体

富媒体是文新报业集团 2007 年发布的新媒体类流行语。富媒体包括多媒体，例如二维和三维动画、影像及声音等。随着技术的进步，内容还会增加，但是不包括纸质媒体。是否包括纸质媒体是富媒体和全媒体的重要区别。富媒体是由英文 Rich Media 翻译而来，从字面上很难理解到底是什么。它并不是一种具体的互联网媒体，而是指具有动画、声音、视频和 / 或交互性的信息传播等融合多种媒体功能的媒体。富媒体可应用于各种网络服务中，如网站设计、电子邮件、弹出式广告、插播式广告等。富媒体网络广告可以在网页中间幻化出或美轮美奂、或出其不意、又或是妙趣横生的广告画面。富媒体技术可以表现大容量文件播放，支持在线视频的即时播放，其内容本身除视频外还可以包括网页、图片、超链接等其他资源，与影音作同步的播出，丰富了网络媒体播放的内容与呈现的效果。

从技术角度而言，富媒体是不需要受众安装任何插件就可以播放的整合视频、音频、动画图像、双向信息通信和用户交互功能的新一代网络广告。它的魅力在于提供更丰富和多感官的接触机会以及精美细腻的创意展现，过去当窄带广告由于文件字节数限制使广告创意大师们因容量受限而烦恼时，富媒体技术的运用无疑是一剂强心剂，突破带宽限制，实现更大的创意空间，广告信息得到更精准的描述，产生更精彩的体验，用户与广告之间强烈的交互性以及对视觉强烈的震撼及感染力使富媒体这个在新兴技术下诞生的新媒体，凭借其大容量、交互性，以及它所带来的高点击率、高浏览率、高转化率等优势，短短几年间迅速在业界崛起，引起极大社会反响。如许多销售汽车的广告，常用富媒体广告。

富媒体代表的是网络广告的未来，甚至是未来网络广告的精髓。与国外富媒体市场相比，中国国内的富媒体广告形式可能更加丰富。一方面在于文化的差异，中国消费者对于广告的接纳程度更加地宽容，广告同时也是他们获取信息的渠道之一；另一个差异主要是网络环境上的差异，国外的网络环境相对比较标准化，中国网络环境相对来说比较复杂，每个网站都不一样，对于广告投放的技术要求会更加高；还有一点，在国外的富媒体产业链环节比较明确，大家各司其职，分工更加专注和精细，但国内相对来说较为模糊。判断未来富媒体营销的趋势，业内人士认为，富媒体广告代表着互联网，或者说是数字媒体广告的未来。目前，主要应用在一些高端的媒体、高端的广告客户，未来富媒体需要重视的是如何把高端技术变成一个整合性的平台，满足高中端广告主不同的整合营销需求。未来这方面将有很大的发展空间。

## （二）全媒体

全媒体是文新报业集团 2009 年发布的网络通讯类流行语。全媒体的概念并没有在学界被正式提出。它来自于传媒界的应用层面。媒体新形式的不断出现和变化，媒体内容、渠道、功能多层面的融合，使得人们在使用媒体的概念时需要意义涵盖更广泛的词语，因此，"全媒体"一词应运而生。"全媒体"，就是媒体机构及运营商采用文字、图形、图像、动画、网页、声音和视频等多种媒体表现手段（多媒体），通过广播、电视、音像、电影、图书、报纸、杂志、网站等不同媒介形态（业务融合），通过融合的广电网络、电信网络以及互联网络进行传播（三网融合），最终实现为用户提供电视、电脑、手机等多种终端的融合接收（三屏合一），实现任何人、任何时间、任何地点、以任何方式接收任何媒体内容（传播学的 5 个 W）的传播形式。

就传播信息量而言，全媒体是人类现在掌握的信息流手段的最大化的集成者。就传播载体而言，全媒体囊括报纸、杂志、广播、电视、音像、电影、图书、网络、电信、卫星通讯等一切媒体。从传播内容所倚重的各类技术支持平台来看，除了传统的纸质、音像外，还有基于互联网络和电讯的 WAP、GSM、CDMA、GPRS、3G、4G 及流媒体技术等。因此，全媒体是覆盖面最全、技术手段最全、媒介载体最全、受众传播面最全的媒体。

全媒体，omnimedia 是外来词，源自美国一间名叫 Martha Stewart Living Omnimedia（玛莎－斯图尔特生活全媒体）的家政公司。这家成立于 1999 年的公司，拥有并管理包括杂志、书籍、报纸专栏、电视节目、广播节目、网站在内的多种媒体，通过旗下的所谓"全媒体"传播自己的家政服务和产品。限于当时的科技水准，玛莎－斯图尔特生活全媒体公司的"全媒体"显然并不全，但是，这个具有超前意识的"omnimedia"单词却无意中道破世界传媒业发展的玄机。随着科技发展日新月异，传播手段层出不穷，传统媒体与新媒体之间日益融合互通，全媒体概念尽管没有达成学术界的共识，却在传播领域的实践中得以丰富发展。

搜索国内的万方数据、维普期刊以及中经专网，笔者发现从 2007 年开始，"全媒体"出现在文章中的频率越来越高。2007 年 11 月 12 日《投资中国项目精选》上的一篇《Xtel 统一通信平台项目招商》对"全媒体"的认识有所突破:"Xtel 统一通信平台具有以下功能:全媒体通信,支持音频、视频、即时消息、手机短信、应用共享等各种媒体形式。"文中的"全媒体通信",包括了当今各种媒介形态。这种对"全媒体"认识上的进步与信息技术和通讯技术的发展是分不开的。2008 年,"全媒体"开始在新闻传播领域崭露头角。许多媒体从业者纷纷提出"全媒体战略"或"全媒体定位"。报纸、电视、广播、出版、广告等行业的"全媒体"发展呈现出两种方式:一是"扩张式"的全媒体,即注重手段的丰富和扩展,如新兴的"全媒体出版"、"全媒体广告";二是"融合式"的全媒体,即在拓展新媒体手段的同时,注重多种媒体手段的有机结合,如已经探索一年多的"全媒体新闻中心"、"全媒体电视"、"全媒体广播"。烟台日报传媒集团 2008 年 3 月在全国首开先河,整合集团所有媒体记者,组建了"全媒体新闻中心",开始了从传统报业到"全媒体"的运作方式、生产流程以及各种运营平台的探索。一方面单一的印刷报纸分化成多种产品形态,如手机报纸、数字报纸等;另一方面媒介生产流程进一步细分、专业化。

2008 年底,与贺岁电影《非诚勿扰》同名的长篇小说《非诚勿扰》在北京以"全媒体出版"方式首发。国内自此掀起了一股"全媒体"出版热潮,《贫民窟的百万富翁》、《我的兄弟叫顺溜》等图书都宣布采用全媒体方式出版。2009 年 7 月 20 日《中华读书报》刊登题为《全媒体》的文章,提到技术发展使读者分流,如果想把内容传播给所有的读者,只有通过"全媒体出版"来实现。全媒体出版就是同一种内容通过多种媒体,包括纸质媒体,也包括互联网、手机、阅读器等同步出版。2009 年在济南举行的"全媒体出版整合营销沙龙"上,中文在线总裁童之磊这样介绍全媒体出版的含义："全媒体出版就是同一个内容同时发布在纸质媒体、互联网、手机和手持阅读器等媒体上。""中文在线所提的'全媒体出版整合营销'，即是利用各种媒体和各种渠道发行阅读产品，同时尽可能覆盖所有读者。"在广告行业，2009 年 10 月 19 日，《中国计算机报》上的《全媒体：指点网络大市场》一文中，作者肖庆飞指出，将网络广告与传统广告形式结合起来优势互补，形成"全媒体"。

2009 年 11 月 1 日源自新华社的报道《长沙"全媒体"直播市政府常务会议》，介绍了湖南省长沙市当年 10 月 31 日召开的一次别开生面的有电视、网络、电台同步直播的市政府常务会议。这次讨论绿化、交通疏导和城市色彩等民生问题的政府会议，在社会各界引起了高度关注。其中在网络直播平台上引发的点击和跟帖盛况空前。这是长沙市召开的第 13 届人民政府第 25 次常务会议。会议室内除了政府官员，还有长沙市民罗良霞、邓志伟等 20 名通过报纸和网络报名来列席旁听的市民代表。与往常不同的是，此次政府常务会议指定了网站、电视台和电台各一家进行现场直播。无论是列席旁听的市民还是媒体记者，都获得了与此次会议议题有关的背景材料，其内容与正式出席会议的长沙市市长张剑飞等政府官员手头的材料一致。在相关部门汇报工作后，张剑飞等人各抒己见，很多发言涉及不少"敏感问题"。这些画面和声音马上通过网络、电视台和电台全部传了出去。长沙市"全媒体"直播政府常务会议，给所有关心长沙市政府决策的人开放了一个形式上"虚拟"但感受上真切的通道，引起了社会各界的关注。担负此次会议独家网络直播的长沙新闻网站"星辰在线"几乎被网民的热情"淹没"了。"星辰在线"总编辑潘显宏兴奋地对新华社记者说，这次政府常务会议直播，峰值时段有超过 15 000 人在线收看，网民点击量更是达到了约 100 万次。很多网民说，把老百姓过去看来很神秘的政府常务会议拿来直播，打破了官与民之间的空间限制，是决策民主、政治文明进步的体现，值得肯定。

2009 年许多有关全媒体的报道，使全媒体一词被上海文汇新民报业集团收入网络通讯类流行语。

# 第四章
# 流行语折射的网络应用

相关数据显示，截至 2011 年上半年，中国网民规模达到 4.85亿，互联网普及率攀升至 36.2%，我国手机网民规模为 3.18 亿，网民平均每周上网时长 18.7 个小时。在网民数量和上网时间增加的同时，微博用户数量爆发增长，商务应用平稳增长，娱乐游戏继续回落。[①] 按照中国互联网络信息中心发布的统计报告，把个人互联网应用分为信息获取、商务交易、交流沟通、网络娱乐四类。本章以这四个领域为线索，将相关流行语反映的我国网民的网络应用状况逐一在每节中予以描述分析。


# 第一节　信息获取


互联网可以为社会成员提供任何他们需要的信息，特别是搜索引擎的产生，使人们更能有目的、有选择、有系统地从网上获取大量信息。目前全世界最大的搜索引擎是"Google（谷歌）"，中文最大的搜索引擎是"百度"。与此相关的流行语：百度上市、Google 地球、谷歌、百度被黑、谷歌退出中国等折射出搜索引擎在中国的发展过程。

---

① 中国互联网络信息中心.第 28 次中国互联网络发展状况统计报告.第 4～5 页。

# 一、百度

## （一）百度上市

百度上市被收入文新集团 2005 年网络流行语。百度公司（Baidu.com，Inc）于 1999 年底成立于美国硅谷，它的创建者为资深信息检索技术专家、超链分析专利的唯一持有人李彦宏（百度总裁），及其在硅谷有多年商界成功经验的好友徐勇（百度执行副总裁）。2000 年，百度总裁李彦宏回国发展超链分析技术，这是新一代搜索引擎的关键技术，已为世界各大搜索引擎普遍采用。百度的起名，来自于"众里寻她千百度"，它寄托着百度公司对自身技术的信心。北京时间 2005 年 8 月 5 日晚百度公司在美国纳斯达克上市，融资 1.09 亿美元，刷新了目前中国互联网企业海外 IPO 融资的记录。股票发行价 27 美元，开盘价 66 美元，8 月 6 日达到了 150.05 美元。全面超越盛大、新浪，成为中国互联网企业的最高市场价。

百度公司自进入中国互联网及软件市场以来，就一直以开发真正符合中国人习惯的互联网核心技术为使命，依靠自身实力不断研发出拥有自主知识产权的可扩展的网络应用软件。经过 4 年多努力，百度已成为世界上最强大的中文搜索引擎。百度核心技术是超链分析。超链分析就是通过分析链接网站的多少来评价被链接的网站质量，这保证了用户在百度搜索时，越受用户欢迎的内容排名越靠前。这就好比在学术界，一篇论文被引用得越多就说明其越好，学术价值就越高。

（二）百度被黑

百度被黑被收入 2010 年 7 月主流媒体发布的春夏社会生活类流行语。这次事件始于 2010 年 1 月 12 日上午 7 点钟，全球最大中文搜索引擎百度遭到黑客攻击，长时间无法正常访问。主要表现为跳转到雅虎出错页面、伊朗网军图片，出现"天外符号"等，范围涉及四川、福建、江苏、吉林、浙江、北京、广东等国内绝大部分省市。相关部门怀疑这次攻击百度的黑客来自境外，利用了域名系统记录篡改的方式。这是自百度建立以来，所遭遇的持续时间最长、影响最严重的黑客攻击，网民访问百度时，会被定向到一个位于荷兰的互联网址，百度旗下所有子域名均无法正常访问。其实，百度被黑已非首次，2006年 9 月 12 日，百度就被黑客攻击过。但是 2010 年的百度被黑事件是自百度建立以来，所遭遇的持续时间最长、影响最严重的黑客攻击。这次百度大面积故障长达 5 个小时，在国内外互联网界造成了重大影响，后百度公告称域名在美注册商处遭非法篡改，正在处理。

对此重大突发性事件，长期关注搜索引擎与网络营销的中国电子商务研究中心搜索引擎分析师卜梓琴给出以下评论，认为此次事件造成的危害不亚于"9•11"事件。①分析师一共总结出 10 个观点，列举如下：

首先，暴露了国内互联网企业安全隐患。"百度被黑"事件本身暴露了我国互联网企业诸多问题，不仅是事先安全防范意识和监控措施，还有在出现突发性故障后的应急反应机制方面，

---

① 本节引用有部分文字删改。

所以互联网企业需自身提高技术创新与突破，掌握核心技术；提高技术监管与防范，设置预警方案，比如技术处理方案、设置备用域名、公共关系处理方案等。

其次，互联网域名服务器安全性未受到应有重视。此次攻击黑客利用了域名系统记录篡改的方式。根本原因在于目前互联网域名的域名系统管理服务器安全性未受到应有的重视。并提醒称，目前绝大多数域名都存在类似安全风险，使得域名系统存在很多安全隐患。

第三，搜索引擎市场竞争机制有待进一步完善。搜索引擎是互联网的一个核心节点，是网民上网不可缺少的工具。在百度遭攻击期间网民使用的替代品是谷歌，国内其他搜索引擎如有道等没有扮演起谷歌的角色。

第四，互联网产业网络安全亟待进一步加强。互联网战场是未来各国必争之地，未来的"网络战争"也很有可能打响。互联网产业直接影响该国的社会和经济等诸多领域，因网络安全所造成的影响不亚于国家基础产业和战略产业被人牵制、乃至控制的危害。

第五，即使企业网站安全级别很高，技术精良，但仍存在薄弱环节，需进一步调整、巩固和加强互联网结构。

第六，从该事件引发的种种"连锁反应"，也从侧面反映了搜索引擎作为用户使用全球互联网"节点"的重要地位。而百度，无疑已深入中国网民的生活，与网友的生活密不可分。换句话说，互联网已经深入到每个人的工作、学习、商务、休闲的每一个环节。

第七，因为百度庞大的用户群体、市场占有率等因素以及媒体关注度，使它具有很高的媒体关注度，若加之百度运作合理，百度被黑极有可能成为"2010十大网络事件"；若百度运作得当，力挽狂澜，还有可能成为网络营销的经典案例。

第八，当前国际政治经济局势错综复杂，部分极端分子通过攻击一些具有全球影响力的大网站来彰显自己的影响力，或开展政治宣传，甚至向异己示威并进行要挟，其影响力效果，甚至可能不亚于制造一个类似"9·11"的事件。

第九，由于目前我国没有域名系统根服务器（全世界13台域名系统根服务器均设在美国），我国的域名系统请求实际上由一台台镜像服务器负责处理，这于我国的网络安全环境建设非常不利。

第十，众所周知，国际互联网技术和游戏规则都是美国人制定和把控的，我们没有核心技术。与2009年5月30日轰动一时的"微软封杀五国微软服务事件"道理如出一辙，这次"百度事件"再次提醒并鞭策我们，落后与被动只能处处挨打，中国的互联网企业不仅需要不断提高技术创新与监管力度，还是牢牢把握互联网话语权和规则制定权，争取自主知识产权，才能加强信息安全，也才能使得我们的互联网产业是真正自主可控的，也才能是长期稳定、持续与健康发展的。[①]

---

① "百度被黑"分析师认为不亚于制造"9·11"事件.中国新闻网，2010–01–13。

## 二、谷歌

（一）Google 地球

Google 地球是文新报业集团 2005 年网络流行语。Google 地球（Google Earth）是一款 Google 公司开发的虚拟地球仪软件，它把卫星照片、航空照相和地理信息系统布置在一个地球的三维模型上。Google Earth 于 2005 年向全球推出，被 PC 世界杂志评为 2005 年全球 100 种最佳新产品之一。用户们可以通过一个下载到自己电脑上的客户端软件，免费浏览全球各地的高清晰度卫星图片。Google Earth 采用的 3D 地图定位技术能够把 Google 地图上的最新卫星图片推向一个新水平。用户可以在 3D 地图上搜索特定区域，放大或缩小虚拟图片。Google Earth 主要通过访问侦查卫星数据库（Keyhole）来实现这些上述功能。该数据库于 1995 年、2002 年分别获得美国总统批准予以数据解密，数据库在 2005 年进行了更新，它含有美国宇航局提供的大量地形数据，未来还将覆盖更多的地形，涉及田园、荒地等。

Google 地球向全世界网民提供地图服务，包括局部详细的卫星照片。2005 年推出后引起全世界军方和政府的震惊和恐慌。澳大利亚、俄罗斯、韩国、泰国、印度、以色列等国家已向谷歌公司提出修改或者模糊化处理敏感军事图片的要求。俄联邦安全机构分析家里奥尼德·萨真曾批评说："恐怖分子不需要去勘查目标了，因为有美国的谷歌正为他们工作呢。"①

---

① Google 让多国军方头疼：卫星图上军政重地一览无余.军事天地（京华论坛），2007-02-14.

（二）谷歌

　　谷歌被收入文新报业集团 2006 年网络类流行语。2006 年 4 月 12 日，Google 公司行政总裁埃里克·施密特在北京宣布该公司的全球中文名字为"谷歌"。有报道指出其取义"丰收之歌"，不过亦有报道指出取义"山谷之歌"。

　　Google 是全球最大的搜索引擎，借助和美国在线服务公司（America Online）、网景通信公司（Netscape）等其他公司的合作伙伴关系，它所回应的查询远远多于其他在线服务商。Google.com 是互联网上 5 大最受欢迎的网站之一，在全球范围内拥有无数的用户。Google 公司选用"Google"一词用来代表在互联网上可以获得的海量的资源。"Google"一词源于单词"Googol"，指的是 10 的 100 次幂，写出的形式为数字 1 后跟 100 个零。Google 公司采用这个词显示了公司想征服网上无穷无尽数据的雄心。据说 Google 公司没有采用 Googol 可能是因为版权的问题，而且当他们注册 Google.com 的时候，Googol.com 已经被注册。Google 词义的另一种解释是 G 意义为手，OO 为多个范围，L 意为长，E 意为出，把它们合一起，含义为：我们 GOOGLE 无论在哪里都能为您找出很长的一大堆您想要的。

　　Google 公司（Google Inc.，NASDAQ：GOOG），是一家美国的上市公司，于 1998 年 9 月 7 日以私有股份公司的形式创立，设计并管理一个互联网搜索引擎；Google 网站于 1999 年下半年启动；2004 年 8 月 19 日，Google 公司的股票在纳斯达克上市，成为公有股份公司。Google 创始人之一拉里·佩奇（Larry Page）曾经说过，完美的搜索引擎需要做到确解用户之意，切返用户之需。Google 在硅谷和全球各地拥有最顶尖的技术人员和业务专家。截至 2005 年 12 月 31 日，共有 5 680 名全职员工，其中有许多是技术人员和工程师。Google 是阿根廷、澳大利亚、比利时、巴西、加拿大、丹麦、法国、德国、印度、意大利、墨西哥、西班牙、瑞典、瑞士、英国和美国的头号搜索引擎[①]，每月全球唯一身份用户 3.8 亿[②]，拥有 162 个国际域名，而且全球超过 50% 的点击量来自美国境外。

## （三）谷歌退出中国

谷歌退出中国被收入 2010 年 7 月中国媒体春夏季社会生活类流行语。在考察谷歌为什么要退出中国之前，我们有必要简单地回顾谷歌在中国的发展历程。这家全球最大的搜索引擎在中国大陆大体经历了进入、发展和纠纷等阶段。2000 年至 2006 年是谷歌进入中国大陆的阶段，2007 年至 2008 年是谷歌在中国大陆拓展业务的阶段，2009 年至 2010 年是谷歌陷入纠纷以致宣布退出中国的阶段。

谷歌进入中国大陆始于 21 世纪。2000 年 9 月 12 日谷歌宣布在 Google.com 增加简体及繁体两种中文版本，开始为全球中文用户提供搜索服务。2006 年 1 月 26 日谷歌启用 "Google.cn"。同年 4 月 12 日谷歌全球首席执行官施密特在北京宣布 Google 的中文名字为 "谷歌"，标志着 Google 正式进入中国。"谷歌" 一词被收入文新报业集团当年发布的网络类流行语。2006 年 9 月 4 日谷歌正式启用位于北京市中关村清华科技园里面总建筑面积 1.4 万平方米的科建大厦，作为谷歌中国的总部。

---

① 根据 Nielsen//NetRatings 2005 年 6 月调查报告唯一身份访问者总数结果。
② Nielsen/NetRatings，2005 年 8 月调查报告。

2007年以后的一年多是谷歌在中国最幸福的时光，谷歌在初步熟悉中国市场后，进入在中国拓展业务的发展阶段。2008年1月30日谷歌推出"春运交通图"。在遭受暴风雪袭击的"春运"中，此举被网民誉为雪中送炭，更被视为谷歌贴近本土市场的表现。同年4月24日由纽约和上海的谷歌工程师共同合作开发的谷歌财经中国版正式发布，同时宣布推出重新设计的谷歌财经主页。同年5月8日谷歌中国与金山软件公司发布金山词霸的免费互联网版本《谷歌金山词霸合作版》。同年8月谷歌中国与巨鲸音乐网联合宣布，在Google.cn推出谷歌音乐产品，所有可供免费下载的歌曲均得到正版音乐授权。8月下旬谷歌推出中国版公交搜索。

但是好景不长，2009年以来谷歌在中国大陆陷入纠纷。2009年6月18日相关部门及中央电视台指责谷歌中国涉及传播黄色内容。同年11月4日国家版权局等部委下发通知，要求不得擅自通过网络复制版权作品。此举被认为是针对谷歌数字图书馆业务。2010年1月13日谷歌突然在官方博客发布消息，将重新评估在中国业务的可行性；同年3月23日谷歌公司宣布将其搜索服务由中国大陆转至香港。①

对于谷歌所谓的退出中国行为，我外交部表示：中国的互联网是开放的，中国政府鼓励互联网的发展，鼓励为互联网的健康发展营造良好的环境。中国像其他国家一样，依法管理互联网，我们的有关管理措施符合国际通行做法。中国欢迎国际互联网企业在中国依法开展业务。

---

① 暴剑光.Google中国进程完全版.环球企业家 http://www.sina.com.cn，2010-01-20。

## 三、分析解释

本节描述的流行语展示了搜索引擎在我国的发展情况。值得骄傲的是，我国拥有目前世界上最大的中文搜索引擎——百度，总量超过 3 亿页以上，并且还在保持快速的增长。百度搜索引擎具有高准确性、高查全率、更新快以及服务稳定的特点，能够帮助广大网民快速地在浩如烟海的互联网信息中找到自己需要的信息，因此深受网民的喜爱。搜索引擎不仅使社会成员便捷地从互联网络获取他们需要的信息，还能起到对社会成员思想和行为的社会控制作用。因此，研究搜索引擎对人类社会的重要作用是非常必要的。

### （一）搜索引擎的重要作用

#### 1. 搜索引擎是获取信息的重要途径

随着网络技术的迅猛发展，各种信息资源快速增长，网络日益成为人们传播和获取信息的一条重要途径，而通过搜索引擎获取知识和查询信息也成了人们日常生活、学习中不可缺少的部分。根据艾瑞统计核算，2009 年中国搜索引擎用户人均搜索请求量为 636 次，相比 2008 年的 614 次增长 3.5%。对比美国同期数据，2009 年美国搜索引擎用户人均搜索请求量为 848 次，相比 2008 年的 717 次增长 23.4%。[①]这些数据意味着运用

---

[①] 报告称 2009 年中国用户人均搜索 636 次，年增 3.5%。见腾讯科技 http://tech.qq.com/a/20100412/000241.htm。

搜索引擎获取信息已经成为人们日常生活的重要部分。几乎每个网络用户都会通过搜索引擎获取信息，根据世界互联网平均普及率在 20% 以上估算，全球 1/5 以上的人群都在用搜索引擎。其中不论是美国还是中国用户，每人每天平均使用两三次搜索引擎获取信息。至于搜索引擎提供的信息可谓无所不包，涉及政治、经济、社会、文化、生活的方方面面。根据中国互联网络信息中心 2011 年发布的《第 27 次中国互联网络发展状况统计报告》报告摘要，中国搜索引擎使用率达到 81.9%，用户规模 3.75 亿，成为网民第一大应用。在互联网信息迅速膨胀的今天，传统门户网站地位有所下降，而搜索作为互联网发展的引擎，越来越显现出其"新门户"的特点。

2. 搜索引擎带来的经济效益

2010 年 4 月 12 日，艾瑞咨询发布的中国搜索引擎市场份额报告显示，2009 年全球搜索引擎市场规模达 339.0 亿美元，年同比增长 14.9%。2010 年至 2012 年，全球搜索引擎市场规模将以 14% 以上的速度稳定增长，预计至 2012 年，全球搜索引擎市场规模将达到 510.5 亿美元。2009 年中国搜索引擎市场规模达 69.6 亿元（约合 10.2 亿美元），相比 2008 年的 50.3 亿元年同比增长 38.5%。预计 2010 年中国搜索引擎市场规模将呈现 45% 左右的增幅。2009 年中国网页搜索请求量规模为 2 033.8 亿次，年同比增长 35.7%。自 2007 年中国列于全球搜索请求量首位以来，其在全球市场的领先优势持续强化：2007 年至 2009 年，中国搜索请求量规模在全球请求量规模中占比分别为 15.6%、19.7% 和 20.6%。

（二）搜索引擎折射的社会问题

以上对百度、谷歌等搜索引擎的描述及其统计数据显示出搜索引擎是社会成员获取信息的重要途径。有社会成员的大量需求必然会产生经济效益，而且搜索引擎产生的经济效益在全世界呈现出递增态势。除了经济效益，搜索引擎还具有重要的舆论及价值观导向作用，用社会学术语表述即搜索引擎具有社会控制的作用。因此各国政府会密切关注搜索引擎的传播内容。搜索引擎的社会控制作用可从谷歌事件折射的问题略见一斑。

1. 搜索引擎是社会控制的工具

搜索引擎的全球份额使其能够充当社会控制的工具。联合国国际电信联盟（ITU）2011 年发布的报告显示，全球互联网用户数量已达到 20 亿，接近全球 1/3 的人口。全球手机用户注册数已达到 50 亿。国际电信联盟秘书长哈马敦·图尔介绍说："2000 年初，全球只有 5 亿手机注册用户和 2.5 亿互联网用户。而到 2011 年初，这两个数字猛增至 50 亿和 20 亿。"[1] 使用互联网的用户几乎没有不用搜索引擎的。根据中国互联网络信息中心的报告，随着网络科技和搜索技术的日新月异，搜索引擎已经成为影响人们生活的重要网络应用工具，并呈快速发展趋势。据我国互联网流量监测机构公布的统计数据显示，2009 年 7 月份全球用户搜索数已达 1 137 亿次，同比增长 41%。谷歌搜索以 767 亿次位居所有搜索引擎的首位（市场份额 67.5%），雅虎网站的搜索次数为 89 亿（市场份额 7.8%），百度位居第三，其搜索次数为 80 亿（市场份额 7.0%）。截至 2009 年 6 月底，中国网

---

① 互联网用户全球已达 20 亿 . 法制晚报，2011-01-27。

民已经达到 3.38 亿人，搜索引擎用户规模已达到 2.35 亿人，在网民中的使用率达到 69.4%，成为网民重要的网络应用之一。①数据表明无论全世界，还是中国，使用搜索引擎的人员和次数都在逐年上升。那么，搜索引擎网页传播的内容必然会影响以此获取信息的社会成员，影响他们的价值观和行为取向，从而达到社会控制的目的。

2. 谷歌事件诠注社会控制

据不完全统计，谷歌搜索引擎已经拥有 40 种语言的网页，用户使用份额在全球名列榜首。既然谷歌具有开拓全球市场的战略眼光，就不可能不关注人口占世界第一的中国互联网市场。从 2000 年开始，谷歌就增设了中文简体和中文繁体的网页，为中国用户提供搜索服务。2006 年正式进入中国，2010 年发生"谷歌退出"事件。

2010 年 1 月 15 日《环球时报》发表了中国人民大学国际关系学院副院长金灿荣教授的文章《专家分析谷歌退出中国市场原因》。文章指出：

谷歌是个互联网公司，名气很大，块头更大，其商业模式在世界范围内获得成功。但它现在的架势让人看不懂了。它向中国提出了政治要求，而这种事情通常是大的商业公司极力避免的。两天来，谷歌威胁要退出中国市场，一些西方媒体发出赞扬，并迅速把这一事件变成了批判中国的好机会。美国国务卿希拉里站出来指责中国，国会议员发出更加刺耳的声音。在这一事件中，谷歌处于风暴的中心，而且它的角色明显在变。

---

① 中国互联网络信息中心发布的《2009 年中国搜索引擎用户行为研究报告》，第 9 页。

起先，谷歌抱怨的原因是服务器受到"攻击"，后来，竟演变成要让中国取消"网络审查"。从互联网安全的一个普通问题，跳到了要求中国改变法律。这一跳真是让中国人吃惊。谷歌究竟是在做商业，还是在搞政治？如果是商业，那就应当限定在商业范畴。有纠纷不要紧，可以通过商业的途径来解决，但要是想通过商业行为来影响中国政治大局和社会改革进程，那可就完全改变了事件的性质。谷歌要中国取消网络审查制度，其结果只能像美国 Mashable 网站的一篇文章所说："如果有人幻想中国会改变政策，让人无限制地接触反动、淫秽图片等内容，那纯粹是无稽之谈。"

谷歌退出事件就是依仗其所拥有的搜索引擎技术实力向中国政府施加压力，想让中国政府取消网络审查。谷歌提出的要求充分说明了搜索引擎的社会控制功能，任何一个主权国家都不会答应这种要求。

谷歌退出事件，谷歌不仅没有达到胁迫中国政府的目的，反而通过该事件，我们向国际社会展示了中国的互联网大国风范。2010 年 4 月 2 日来自人民网的评论《谷歌离开中国了吗》评论了谷歌退出事件的后果：[1]

谷歌离开中国了吗？眼下的情形似乎令这个问题有些难以回答。谷歌将其在中国的域名下的部分搜索服务转至香港，却在中国大陆保留了销售团队以及研发工作，谷歌中国网站也没有关闭。

这种"似是而非"的离开令谷歌已经收获了一些"残酷"的评价，譬如"谷歌的双输局面"。英国《金融时报》的这篇言

---

① 节选时有删节，未全文引用。

论认为，"如果谷歌曾经期盼竞争对手响应自己的号召，那么它失败了"；"如果谷歌曾经打算掀起一场有关互联网自由的全球辩论，从而让中国难堪，那么它也失败了"；而谷歌"在华业务的新方式"令其"坚持原则的说法大打折扣"。

......

谷歌"跳转"到香港之后，许多媒体注意到，其股价应声下跌，而其中国竞争对手百度等网站的股价却在上升。一家美国媒体网站的民调也显示，多数人认为百度是赢家。这或许是谷歌始料之未及的吧？一些美国人也毫不讳言，中国拥有近4亿网民，这个数字还在迅速增加，谷歌的决定是在浪费宝贵的机遇，也是对股东利益的伤害。

......

无论谷歌是走是留，中国网民火热的网络生活仍在继续，中国开放的互联网环境仍在不断完善，中国的互联网也仍然在快速发展并正在吸引越来越多外国企业的参与。

# 第二节　商务交易

## 一、网络商务发展如火如荼

（一）网购规模与发展统计

流行语阿里巴巴上市、威客、换客、试客、网货、团购、秒杀等，反映出近年来网络商务交易的现象。2011年7月中国互联网络信息中心发布的《2010 年中国网络购物市场研究报告》数据显示，截至 2010 年 12 月，网络购物用户规模达到 1.61 亿人，网购渗透率达到 35.1%。"十一五"期间，我国网络购物用户数增长了 4.8 倍，网购用户渗透率提升了 10.6 个百分点。网购金额达到 5 231 亿元，占全年社会消费品零售总额 3.3%。网络零售也成为流通市场日益重要的组成成分。网络购物逐渐成为网民常态的消费方式，2010 年我国网购用户人均年网购消费金额 3 259 元。

（二）最大的商务网站阿里巴巴

阿里巴巴上市是文新报业集团 2007 年新媒体流行语。阿里巴巴目前是中国市值最大的互联网公司，创建于 1999 年，总部设在杭州，在海外设立美国硅谷、伦敦等分支机构。阿里巴巴（Alibaba.com）是全球企业间（B2B）电子商务的著名品牌，是目前全球最大的网上贸易市场。该公司于 2007 年 11 月 6 日在香港联交所主板挂牌上市。开盘价为 30 港元，较发行价 13.5 港元溢价 122%，尾盘收于 39.5 港元，较发行价上涨 192%，创港股当年新股首日涨幅之最；首日成交 5.36 亿股，成交额为 174 亿港元。阿里巴巴市值达 1 996 亿港元，一跃成为中国互联网业首家市值超过 200 亿美元的公司。融资额排全球互联网第二。

阿里巴巴的市值已超过三大门户网站（搜狐、新浪、网易）、盛大和携程五者市值之和。2007 年百度股价为 400 美元，市值约为 140 亿美元，腾讯市值约为 150 亿美元。同期，新浪、搜狐、网易的市值分别为 31 亿美元、23 亿美元和 28 亿美元，盛大市值为 28 亿美元，携程市值为 38 亿美元。阿里巴巴两次被哈佛大学商学院选为 MBA 案例，在美国学术界掀起研究热潮，

四次被美国权威财经杂志《福布斯》选为全球最佳电子商务站
点之一。


## 二、网上购物成新潮

### （一）网络交易新人类——换客、试客

#### 1. 换客

换客被收入 2007 年文新集团新媒体流行语。换客是指把自
己不用的闲置品，拿出来跟别人交换对自己有用处的东西。在
易物网上，换客们可以通过各种便捷的方式搜索自己的换物需
求。只要输入自己想要换出或者换得的货物名称，换客就可以
得到各种相关的匹配信息。一旦和对方达成换物意向，双方就
可以在线下进行交易。这就是易物网创业初期开展的 C2C（个
人对个人）的换物业务。上海易物信息技术有限公司旗下的易
物网成立于 2006 年，核心服务就是聚集各地的物品交换信息，
并提供查找、搜索方式，为交换双方提供完善互动交流的平台。
网站一经推出就立即受到了各方面的高度关注，除了得到国内
网络换客的热情拥护以外，还有包括《东方早报》、《上海星期
三》以及《第一财经》等沪上的一些知名媒体先后对网站进行
了相关的报道。易物网的统计数字显示，自从网站开办以来，
货物总量已经接近 55 000 件，当前在线货物 3 万余件。在这
里从鸵鸟、个人翻唱的 CD、家里的钥匙到虚拟的爱心、点子、
童年回忆、时间都可以发布到交换物品中。某些网站还善意地
提醒换客，在享受换物的方便和乐趣的同时，也需要注意：首
先，交换物品多是用过的闲置物品，所以交换时务必检查性能，

如果是电器需询问对方有无"三包"。其次，如果是女孩子，尽量与同伴同去交换，以免发生不必要的风险。第三，如果是交换闲置衣物，回来穿时最好先清洗一下。①

2. 试客

试客被收入 2007 年文新集团新媒体类流行语。它是源于欧美的概念，2006 年在中国出现提供免费试用品的网站，最初只有寥寥数十人，2007 年暴增到了 300 万。体验者被称为网络"试客"。试客在试用完之后，一般还需要对产品给出评价。试客成分已经由最初的公司白领发展成了包含学生、自由职业者、甚至离退休社区居民在内的多元化结构。越来越多的品牌厂商都开始重视通过网络体验营销的方式来了解消费需求，通过收集试用反馈信息改良产品设计，进而实现转化消费线索的新型市场推广策略。②

由国家语言资源监测与研究中心、商务印书馆主办的"年度汉语新词语"评选中，试客、职客、淘客等新新人类"客"系列的网络语言正式入选其中，成为继黑客、博客之后被视为能够反映社会生活变化，且主流媒体新闻曝光频次较高的汉语创新词汇。用百度搜索"试客"，能够找到相关网页约 26.2 万篇。自从以试用网为代表的城市体验消费类网站崛起后，试吃、试喝、试看、试玩、试学等商品试用活动在网民中迅速风行起来。③要想成为试客并不难，任何网民只要登录试用网，填写个人真实资料并申请所看中的商品，得到厂商核准后即可获得邮寄的试用赠品，流程极其简单。目前试用网站已经能为试客提

① 参见：从时尚理念到无限商机.民主与法制时报，2006-11-20。
② 试客行销盛行国内　试客族突破 300 万.北京商报，2007-11-14。
③ 试客等网络语言入选年度汉语新词，成创新词汇.京华时报，2008-05-06。

供涵盖吃、穿、用、玩各个方面数十个品牌的多种商品。

据相关网站负责人介绍，试用网的盈利主要来源于合作企业的品牌推广和数据购买。奥妙在于仅靠邮寄赠品必须提供真实收件人身份和地址信息的这一简单条件，即可有效避免类似伪造身份、恶意点击等欺诈行为的困扰，甚至还能从试客间对赠品使用的交流评论中，挖掘出有助于产品改良设计的消费线索，实现口碑营销的良好效果。国内某试用门户网站 2008 年公布的数据显示，目前该网站国内的试客族群已经超过 300 万，并以每天 5 000 个新会员的速度增加。

（二）网络交易新形式——网货、团购、秒杀

1. 网货

网货被收入 2009 年文新报业集团网络通信类流行语。2009 年 6 月 23 日《文汇报》文章《"网货"时代到来》指出：据第三方权威调研机构艾瑞咨询监测研究显示，2008 年国内网购交易额接近 1 300 亿元，较 2007 年增长 130% 左右。阿里巴巴董事局主席马云曾发出警告，中国制造业将会因为"网货"（通过网络零售作为主营销渠道进行流通的货物）时代的来临而发生巨大变化。2010 年，我国网络购物市场交易总额达到 5 231 亿元，较 2009 年实现翻番增长。网购市场交易额占全年社会消费品零售总额的比例将提升至 3.3%。[①] 由于网络购物的需求和行为就产生了以网络零售平台作为主营销渠道的商品，称为"网货"。由于网络零售渠道减少了中间环节，一模一样的两件商品，"网货"往往比"线下货"要便宜很多，因此近年来我国的

---

① 中国互联网络信息中心 . 2010 年中国网络购物市场研究报告 . 第 11 页。

网络交易额成倍增长。

网货与一般商品相比具备价廉、丰富、个性化等特点。因为网络渠道节约了成本，价格往往较线下货品更为低廉；由于互联网不受货架限制，所以比任何一个商场的商品都丰富；此外，生产方还可以按消费者的需求生产定制的产品。网货代表电子商务时代流通形式的发展方向。因为网货的存在和流行，为中国制造提供了更好的机遇和平台：网络时代人们便捷快速优质的生活离不开网货。网货在中国的迅速发展得益于阿里巴巴商务网站的建立并开通网络支付功能，其创办人马云于 2003 年创办目前国内最大网络购物平台淘宝网，2004 年创办独立的第三方电子支付平台"支付宝"，目前在全球用户数排第一。阿里巴巴集团设立的研究中心还定期发表网货研究报告。

网络购物包括发生在互联网中企业之间（Business to Business，简称 B2B）、企业和消费者之间（Business to Consumer，简称 B2C）、个人之间（Consumer to Consumer，简称 C2C）、政府和企业之间（Government to Business，简称 G2B）的通过网络通信手段缔结的商品和服务交易。对于社会成员来说，常用网络交易的电子商务有两种模式，即 B2C 和 C2C。根据权威数据，B2C 网络购物市场上已经出现行业的领头者，淘宝商城自 2010 年 11 月启动独立域名以来，目前已经占据 B2C 市场交易金额的 40.8%，京东商城占市场交易金额的 17.6%，当当网市场份额为 4.3%，卓越网为 4.1%。在 C2C 领域，淘宝网依然呈现一家独大的局面，占据 C2C 市场交易金额的 95.5%。拍拍网的市场份额为 4.2%。[①]

---

① 中国互联网络信息中心 . 2010 年中国网络购物市场研究报告 . 第 11 页。

2. 团购

团购于 2010 年分别被收入春夏季中国报纸流行语和年度媒体流行语的社会生活类。团购就是以团体为单位购物，指的是认识的或者不认识的消费者联合起来，加大与商家的谈判能力，以求得最优价格的一种购物方式。根据薄利多销、量大价优的原则，商家可以给出低于零售价格的团购折扣价和单独购买得不到的优质服务。团购作为一种新兴的电子商务模式，通过消费者自行组团、专业团购网站、商家组织团购等形式，提升用户与商家的议价能力，并极大程度地获得商品让利，引起消费者及业内厂商、甚至是资本市场关注。尽管团购还不是主流消费模式，但它的商业活力已逐渐显露出来。现在团购的主要方式是网络团购。团购目的是让每一个人都能找到更优惠的团购商品，让不相识的消费者共同享受物美价廉的服务。目前网络团购以大城市的年轻群体为主力。网友们一起消费、集体维权。团购网的公司提供网络监督，确保参与厂商资质，监督产品质量和售后服务。根据团购的人数和订购产品的数量，消费者一般能得到从 5% 到 40% 不等的优惠幅度。

中国最早出现团购行为是公司为了降低成本而集合所有子公司进行采购。而发展到目前的个人层面，主要归功于互联网的普及。目前较知名的团购网有：拉手网，团爱团，G 团网，美团，懒团网，团宝网，QQ 团，大众点评团，糯米团，好惠买团购网，大鹅网等。团购商品的种类，小到图书、软件、玩具、家电、数码产品、手机、电脑等个人消费商品，大到家居、建材、房产等价格不很透明的商品，都有消费者因网络聚集成团购买。不仅如此，团购还扩展到个人消费、健康体检、保险、旅游、教育培训以及各类美容、健身、休闲等多个领域。相关数据显示，

2010 年团购在中国出现以来，服务网站数量增加迅速，虽然鱼龙混杂甚至遭受非议，但团购这种模式迎合了网民对服务性商品的需求，填补了市场空白。可以预见，网上团购将成为网民的生活常态。2011 年上半年，中国团购用户数从 2010 年底的 1 875万增长至 2011 年中的 4 220 万，半年增长率达到 125.0%。①

　　尽管团购受到网民青睐，但是我们也不可忽视其风险。团购作为一种新兴的消费方式，目前还没有相关的规则来约束它，因此，诈骗案也屡见不鲜。对此，网络团购作为一种消费方式，消费者在选择网络团购以博取价格优惠的同时，更应该全面考虑，对于交易要小心谨慎。例如，网络团购很多是由隐藏在背后的商家发起的，这样的团购其实就是促销；建材、家具等行业的产品价格缺乏透明度，有的商家暗地里拉高标价再打折欺骗消费者。同时，网络团购还存在售后服务不完善等问题。因此，消费者在参与网络团购，尤其是购买一些大件商品时，一定要咨询律师或其他相关人士，以避免不必要的麻烦。消费者还要关注商家的专业水平、售后服务等信息。参加团购时，避免将钱款交付给代购者。由于网络团购是出于特定目的而临时组织的松散团体，往往团购者交易成功后就解散了，售后一旦出现纠纷，往往难以再组织起来，这给消费者日后的维权行动带来困难。因此，网络团购的参与者还应该想办法签订团购协议来规避各种风险。此外，消费者对团购平台的选择也应该谨慎小心。消费者应选择专业、信誉高的平台发起的团购，一方面可以提高网购安全系数，另一方面团购产品的质量及售后服务也能有所保障。

---

① 中国互联网络信息中心.第 28 次中国互联网络发展状况统计报告.第 5 页。

### 3. 秒杀

秒杀是教育部 2007 年 8 月公布的 171 个汉语新词之一，后来又被收入 2010 年春夏季中国报纸社会生活类流行语。该词英文为 Second Kill，来自网络游戏，就是以压倒性优势一招致命；在极短时间（比如 1 秒钟）内解决对手，形容一瞬间杀死一个游戏角色之快乐。此词被广泛用于网络游戏、网络购物、比赛、演出、股票、编程等领域。用于购物的秒杀是网上竞拍的一种新方式。先由网络卖家发布一些超低价格的商品和抢购时间，所有买家在规定的同一时间网上抢购。由于商品价格低廉，往往一上架就被抢购一空，有时只用 1 秒钟。目前，在淘宝等大型购物网站中，秒杀店的发展可谓迅猛。秒杀很快就流行开来，当然，其目标人群仍然以年轻人为主。甚至联想、飞利浦、惠普等众多名牌产品也在淘宝网推出秒杀，一些价格不菲的电脑只需 1 元。的确让网购一族为之疯狂，由此诞生了秒客一族，他们用最少的钱购得高价位的商品，专业的秒客把通过秒杀购到的商品转手出货，可以得到一笔不菲的收入。秒杀的风险，在于消费者应看清产品是否值得抢购，不要因为图便宜而抢购一些自己并不需要的物品。

## 三、分析解释

本节探讨的是运用互联网络进行商务交易的行为，通过对相关流行语的描述和分析反映出互联网的普及改变了商务交易的基本形式，即把传统的交易双方面对面的商贸活动，改变成买卖双方不见面地进行各种商贸活动。网络商务又称电子商务，英文 Electronic Commerce，简称 EC。通常是指是在全球各地广泛的商业贸易活动中，在因特网开放的网络环境下，基于浏览器 / 服务器应用方式，实现消费者的网上购物、商户之间的网上交易和在线电子支付以及各种商务活动、交易活动、金融活动和相关的综合服务活动等新型商业运营模式。目前电子商务有 B2B、B2C、C2C、B2M、M2C、B2A（即 B2G）、C2A（即 C2G）等七类模式，本节讨论的主要是前两种。

当代中国电子商务起步于 20 世纪 90 年代。虽然晚于国际电子商务大约 20 年，但是发展速度很快。2005 年，全球电子商务交易额为 4.9 万亿美元，同年我国电子商务交易额只有 1.2992 万亿元人民币，电子商务交易总额相当于国内生产总值 7.1%。到 2006 年交易额为 1.5494 万亿，比 2005 年增长 19%。2007 年达到 2.1 万亿；2008 年金融危机又一次给电子商务业发展提供了一次难得的机遇，电子商务交易总额突破了 3.1 万亿元，其中，B2B 交易规模达 2.96 万亿元，B2C 交易达 87 亿元，C2C 达 1 195 亿元。[1]据中国电子商务研究中心的数据显示，截至 2010 年 12 月，中国电子商务市场交易额已逾 4.5 万亿，同比增长 22%。其中，B2B 电子商务交易额达到 3.8 万亿元，网上零售市场交易规模达 5 131 亿元，同比增长 97.3%，较 2009 年近翻一番，约占全年社会商品零售总额的 3%。[2]2010 年，我国电子商务已经进入大规模发展、应用和运营的阶段，无论是 B2B 企业电子商务，还是个人电子商务（B2C、C2C、团购、代购等），新模式、新平台、新特征，均层出不穷。

---

① 黄智杰.电子商务开启对外贸易流通方式的变革.对外经贸实务,2010(3)。
② 中国电子商务研究中心.2010 年度中国电子商务市场数据监测报告.第 5 页。

电子商务的快速发展，首先得益于 21 世纪初期中国的政策、经济、社会等宏观大背景向好。国家先后出台了一系列扶持和规范电子商务发展的政策措施，各地政府也不断加大对电子商务发展的扶持力度，促进了网购市场规范性的提升，推动了网络购物市场的健康有序发展。针对相关政策法规、管理能力和服务水平不适应网络购物发展需要等现实问题，商务部、国家工商总局、中国人民银行等机构出台了《关于促进网络购物健康发展的指导意见》、《网络商品交易及有关服务行为管理暂行办法》、《非金融机构支付服务管理办法》等文件，在完善服务与管理体制、健全法律与标准体系、改善交易环境、培育市场主体、拓宽网络购物领域、规范交易行为等方面制定了一系列新规范。

其次，网络技术的发展能够满足消费者网络购物的需求。工业和信息化部数据显示，2010 年 1 ～ 10 月，全国电信业务总量累计完成 25 438.5 亿元，比上年同期增长 20.7%；电信主营业务收入累计完成 7 448.0 亿元，比上年同期增长 6.6%。基础电信企业的互联网用户进一步趋向宽带化。同期的基础电信企业互联网宽带接入用户净增 1 918.7 万户，达到 12 316.4 万户。在网络基础环境优化的同时，互联网也不断向人群渗透。2010 年，我国网民规模继续稳步增长，网民总数达到 4.57 亿，互联网普及率攀升至 34.3%，较 2009 年底提高 5.4 个百分点。网络基础环境的持续优化和网民规模的加速渗透，为网络购物市场的发展奠定了坚实的基础。①

第三，消费者对网络购物的满意度逐年提升。购物网站必须不断优化服务质量，才能面对激烈的市场竞争。根据中国互

---

① 中国互联网络信息中心.2010 年中国网络购物市场研究报告.第 14 页。

联网络信息中心的调查，用户对网络购物的满意度在提升。数据显示，2010 年对网络购物整体表示满意的用户达到 86.2%，较 2009 年增加 6.8 个百分点。满意度的提升表明网络购物整体质量在继续优化。用户整体满意度最高的三家分别是京东商城、麦考林、凡客诚品，用户满意度均在 84% 以上。排名第四和第五位的是当当网（81.8%）、卓越网（80.7%），淘宝网的用户满意度为 75.2%，易趣网的用户满意度为 60.2%。①

任何新生事物都存在不足的一面。据调查有 18.5% 的网购用户有过不满意的网购经历，其原因主要集中在商品品质和配送环节。其中，由于商品与图片不一致造成用户不满意的最多，达到 35.7%；其次是伪劣残损物品，有 26.7%；由于送货时间太长造成的消费者不满意也达到了 12.3%。有 5% 的不满意用户是由于送货时货物丢失或损坏，3.6% 的用户是由于快递人员态度不好。②

中国电子商务研究中心预测：未来 5 ~ 10 年我国电子商务整体水平，将有望继续高速发展并有望领先世界。"十一五"期间，是我国电子商务腾飞的 5 年，在这 5 年当中，电子商务实现了从新兴产业到被纳入"十二五"战略新兴产业规划的跨越。一批专门从事电子商务的公司，如阿里巴巴等，成为世界领先的企业；网盛生意宝、焦点科技等上市公司也纷纷走出国门，探索国际市场；而诸如"团购"等新模式，不断诞生且不断爆发式增长；各类型的企业纷纷开展基于电子商务的销售、采购或服务；为电子商务发展而服务的产业，如物流、支付产业迅速发展；使用电子商务进行购物的消费者阵营也将日益壮大。③

---

① 中国互联网络信息中心 . 2010 年中国网络购物市场研究报告 . 第 36 ~ 37 页。
② 同上，第 39 页。
③ 同上。

# 第三节　交流沟通

博客、名人博客、《开啦》、印客、掘客、微博、开心网、起点中文网等流行语显示出 21 世纪初期，人们交流沟通形式的多样化和个性化。从博客到微博的四五年间，使用人群从最初的几千人，到现在的上亿人，以超过万倍的速度飞速发展。网络交流传播平台的发展，不仅扩大了社会成员的人际交往，还成就了许多来自草根的网络作家。

## 一、网络交流平台

### 1. 博客

博客被收入 2004 年、2005 年主流报纸年度流行语和 2004 年文新网络流行语。这个词是从英文单词 Blog 翻译而来。Blog 是 Weblog 的简称，而 Weblog 则是由 Web 和 Log 两个英文单词组合而成。Weblog 就是在网络上发布和阅读的流水记录，通常称为"网络日志"，简称为"网志"。Blogger 即指撰写 Blog 的人。Blogger 在很多时候也被翻译成为"博客"一词，而撰写 Blog 这种行为，有时候也被翻译成"博客"。因而，中文"博客"一词，既可作为名词，分别指代两种意思 Blog（网志）和 Blogger（撰写网志的人）；也可作为动词，意思为撰写网志这

种行为，只是在不同的场合分别表示不同的意思罢了。一个
Blog 就是一个网页，它通常是由简短且经常更新的帖子所构成；
这些张贴的文章都按照年份和日期排列。Blog 的内容和目的有
很大的不同，从对其他网站的超级链接和评论，有关公司、个
人、构想的新闻到日记、照片、诗歌、散文，甚至科幻小说的
发表或张贴都有。在网络上发表 Blog 的构想始于 1998 年，但
到了 2000 年才真正开始流行。2002 年博客开始进入中国，并
迅速发展。2003 年底的木子美事件，让中国大众了解并运用博
客。2005 年，国内各门户网站，如新浪、搜狐也加入博客阵营。[①]

　　21 世纪初期是博客在中国的发展时期。2002 年，博客开
始引入中国，用户数量不足 1 万人。2002 年 7 月，Blog 的中文
"博客"由方兴东、王俊秀正式命名。2002 年 8 月，方兴东、
王俊秀开通博客中国（blogchina）网站。2003 年是中国博客发
展年，用户达到 20 万。2003 年 3 月，南开大学 Blog 系统开通，
中国科技大学 Blog 进入测试阶段，博客在高校开始迅速发展。
2003 年 6 月 19 日起，中国博客网（blogcn.com）用户"木子美"
发表的网络日记，给中文 Blog 网站带来巨大访问量。2003 年
底，教育部哲学社会科学研究重大课题攻关项目《博客（Blog）
技术及其对组织沟通和社会交流方式的影响研究》获得批准。
博客应用首次纳入国家级科研项目。2004 年是博客商业化年，
博客开始成为互联网上的一种普遍现象。2004 年 5 月，南京召
开的中国首届网络传播年会上，博客成为最大热点之一，标志
着中国学术界全面跟踪和研究博客的发展。2004 年 10 月，博

---

① 木子美，女，毕业于广州某大学，某杂志社编辑，因在网上发表《遗情书》
　获得高点击率而成名。

客中国的教师博客与学生博客开通，成为广大教师和学生的首选博客网站。2005 年是博客大众化元年，博客开始从精英向所有网民和非网民普及，占到中国互联网网民总数的 10% 左右。2005 年 5 月，中国博客研究中心创建。2005 年 6 月，博客中国图片博客正式开通。2005 年 7 月，国内第一部博客电影诞生。2006 年博客读者超过 7 500 万。据中国互联网络信息中心公布的《2006 年中国博客调查报告》显示，截至 2006 年 8 月底，中国博客作者规模已经达到 1 750 万，注册的博客空间数量接近 3 400 万，而博客读者则达到 7 500 万以上。到 2007 年 11 月底，中国博客空间已达 7 282 万个，博客作者人数达 4 700 万，平均近每 4 个网民中就有一个博客作者。截至 2011 年 6 月底，我国博客和个人空间的用户规模为 3.18 亿人，较 2010 年底增长 2 318 万，增长率为 7.9%。博客和个人空间的使用率为 65.5%，较上一年底略微提升 1.1 个百分点。[1]

博客涉及的领域已经涵盖了几乎人们日常生活的所有领域，政治、文化、军事、经济、生活等各个行业都能找到相关的博客内容，因此博客也成为人们获取信息的重要通道。如此众多的网民热衷于写博客，其中魅力究竟何在？有关调查数据显示，47% 的博客主要内容为博客作者的心灵独白或心情记录。其次为个人生活记叙和兴趣爱好。也就是说，大部分博客主要为博客作者记录自身生活状况，进行自我展示，博客的自媒体属性显现。阅读博客的动机中，主要为消遣娱乐，报告反映这一数据占到 43% 的比例，这从很多体育、娱乐明星博客居高不下的人气能够印证。例如，2006 年明星徐静蕾的博客点击率过

---

① 中国互联网络信息中心．第 28 次中国互联网络发展状况统计报告．第 29 页。

千万。如何充分利用博客的参与性、互动性、圈子性的特点，挖掘博客在娱乐营销上的价值，是博客盈利模式的探索方向之一。

2. 名人博客

名人博客被收入 2006 年中国主流报纸十大流行语春夏季文化类。分析名人博客火爆的原因，应从网民、名人、博客提供商三方面来考虑。从网民角度而言，中国有名人博客生存的丰厚土壤，那就是受众的偷窥好奇心理。以前关注明星们的生活，关注明星们的动态，主要是通过纸媒介，但是现在有了博客，网民们对他们每日每夜的工作、学习、生活有了更进一步"亲密接触"的平台。就名人来说，不少名人纷纷到门户网站"开博"。这些博客拉近了他们和粉丝间的距离，起到了让更多的网民走近他们的作用。此举既能满足受众的好奇心，还能提高自己的知名度，达到聚集人气的效果，何乐而不为？博客提供商想的就是如何利用名人博客的人气营利。在众多博客网站中，新浪的名人博客可谓下手最早，做得最火。新浪有专门编辑负责打电话邀请名人写博客，付稿费，每天更新维护，并且新浪网还联合电视传媒一同宣传造势。新浪凭借这些做法让其博客在众多网站中后来居上。可见，名人博客给网站带来的知名度和点击率的提高是显而易见的。

2006 年名人博客的两件大事是老徐博客点击量逾千万和韩白之争引起的口水大战。2006 年 2 月 13 日，徐静蕾的博客冲破了点击量千万大关，刷新中国互联网的历史纪录，而这只用了 112 天。到同年 8 月 20 日，徐静蕾的博客点击量更是惊人地突破了 5 000 万。"徐静蕾现象"引起很多主流媒体的关注和讨论。2006 年 3 月，"80 后"作家韩寒和文学评论家白烨的网上口水战，反映出新老两代人不同的文学诉求。此后，白烨不堪韩寒"粉丝"的"围攻"而"息博"。著名音乐人高晓松、作家陆天明、导演陆川也被牵扯进这场口水仗，之后纷纷宣布告别博客。

3. 微博

微博被收入 2009 年度媒体文化教育类、文新报业集团网络通讯类、2010 年度媒体综合类流行语。微博，即微博客（Micro Blog）的简称，是一个基于用户关系的信息分享、传播以及获取平台，以 140 字左右的文字更新信息，并实现即时分享。2006 年 3 月，博客技术先驱创始人埃文·威廉姆斯（Evan Williams）创建美国的 twitter，推出了这项服务。根据相关公开数据，在最初阶段，这项服务只是用于向好友的手机发送文本信息。截至 2010 年 1 月份，该产品在全球已经拥有 7 500 万注册用户。2009 年 8 月份中国最大的门户网站新浪网推出"新浪微博"内测版，成为门户网站中第一家提供微博服务的网站，微博正式进入中文上网主流人群视野。目前各大门户网站几乎都有微博网站。

微博客字数限制在 140 字以内。与博客相比草根性更强，且广泛分布在桌面、浏览器、移动终端等多个平台上，有多种商业模式并存的特点。与博客上面对面的表演不同，微型博客上是背对脸的交流，就好比你在电脑前打游戏，路过的人从你背后看着你怎么玩，而你并不需要主动和背后的人交流。微博网站现在的即时通讯功能非常强大，通过即时通讯工具如 QQ 和 MSN 或微博客户端直接书写，在没有网络的地方，只要有手机也可即时更新自己的内容，哪怕你就在事发现场。例如一些大的突发事件或引起全球关注的大事，如果有微博客在场，利用各种手段在微博客上发表出来，其实时性、现场感以及快捷性，甚至超过所有媒体。数据显示，2011 年上半年我国微博用户数量从 6 331 万增至 1.95 亿，半年增幅高达 208.9%。微博在网民中的普及率从 13.8% 增至 40.2%。从 2010 年底至今，手机微博在网民中的使用率比例从 15.5% 上升到 34%。[①]

探究微博在全球及我国短期内迅速发展的原因，主要有以下几点。首先从自身功能而言，微博传播功能多样化、速度快。微博形式精简，功能强大，支持文字、图片、视频等多媒体信息，用户体验良好。用户通过关注与被关注，在微博上结成了庞大的传播网络，信息能够在短时间内爆炸性地大规模扩散。其次就用户需求而言，微博能够通过互动，满足多层次用户需求。由于微博用户间关系的双向性，使用者可以构建起一个强关系和弱关系并存的网络，从而同时满足了其多层次的社交需求。第三，各大门户网站投资开发。鉴于微博有可能成为未来主要的信息传播平台和互联网新入口，门户网站均投入大量精力发展微博业务，通过广告投放、名人效应等策略成功地吸引了用户，从而使微博迅速成为当前极具时效性和影响力的媒体，这也为微博自身带来了高知名度，推动了用户增长。

4. 开心网

开心网是 2008 年文新报业集团发布的网络通信类流行语。2008 年 3 月原新浪网研发中心主管程炳皓成立北京开心人信息技术有限公司，正式创办开心网。开心网的宗旨是：人生开心就好，公司愿意帮助更多人开心一点。开心网是中国最大的、最受欢迎的社交网站（Social Network Site），简称 SNS，自创

---

① 中国互联网络信息中心.第 28 次中国互联网络发展状况统计报告.第 29～30 页。

办以来致力于为中国网民提供一个开心的互动平台，让用户通过开心网与朋友、同学、同事、家人保持更加紧密的联系，及时了解他们的动态，在线分享照片、日记、心情、转帖等，通过轻松的互动传递最纯真的快乐。该网站提供的产品和服务包括：转帖、投票、评比等信息分享平台，短消息、虚拟礼物、留言、评论等沟通交流方式，记账、网络硬盘、日程等实用工具，以及争车位、买房子、钓鱼、开心庄园、开心餐厅等社交游戏组件。截至2011年2月，开心网注册用户已经突破1亿大关，平均每月超过5 000万活跃用户登录、每周页面被访问超过80亿次、每天开心用户种菜停留15亿分钟。在全球网站访问量排名中，开心网位居中国网站第18位，居中国社交网站第1名。数据显示，网络社交网站的用户规模和渗透率均在2011年出现拐点。截至2010年12月，中国网络交友2.35亿，较去年年底增长5 918万人，网民使用率为51.4%，比2009年增加5.6个百分点。[①]虽然社交网站用户规模增长迅速，但依然面临一些问题，在2011年下半年用户开始逐渐流失。这种现象说明社交网站仅靠娱乐是不能长久聚集人气的，需要开动脑筋为用户提供更多服务。

## 二、网络创作与传播

1.《开啦》

《开啦》是2007年文新集团新媒体类流行语。网络传播可

---

① 中国互联网络信息中心.第27次中国互联网络发展状况统计报告.第38页。

以满足人们视听等多样化需求，既能用网络听广播，也能在网络上看杂志、电影、视频等。网络杂志《开啦》于 2007 年 4 月 16 日创刊，双周刊（每月 11 日和 26 日上线，逢周末顺延至周一）；属于综合性高端生活杂志。每期一个话题，内容原创、精良。话题涉及时事、历史、影视、音乐、图书、时尚、旅游等多个时尚文化领域。博客女王徐静蕾亲任总编。独家"老徐会客厅"，徐静蕾亲任采访，展现不一样的话题讨论；作家王朔重出江湖，新锐作家韩寒嬉笑怒骂；凤凰名嘴梁文道独家视角，著名编剧罗点点倾力奉献。北京鲜花盛开网络科技有限公司是国内首家时尚文学类互动电子新媒体，为《开啦》提供技术支持。这个 2007 年 4 月创办的互动电子杂志，截至 2008 年 1 月 10 日，杂志单期平均在线阅读及下载量为 800 万 / 月。2008 年 5 月 12 日《开啦》系列杂志《开啦街拍》上线。《开啦》目前已与数十家大型门户 / 社区 / 视频网站、媒体等相继建立合作，并结合手机、互联网、移动电视，打造并提供更全方位的互动新媒体服务。一些知名企业如：索尼、爱立信、高姿、佳能、连卡佛、红叶伞、诺曼琦、雪佛兰乐骋、丰田、克莱斯勒铂锐、七喜、中影集团、智联、宝姿等名牌企业竞相加盟，随着《开啦》在手机电子杂志上的同步发行，"徐静蕾热"将从传统互联网络向移动网络迅速蔓延。

2. 掘客

掘客被收入 2006 年文新集团新媒体类流行语。"掘客"（dig）是网络新名词。在一个掘客类网站上申请注册用户就可成为掘客，就像在博客网站上申请一个用户 ID 成为博客一样。2004 年 10 月，美国人凯文·罗斯创办了 http://www.digg.com 网站，是第一个掘客网站。从 2005 年的 3 月开始渐渐为人所知，其最初定位于科技新闻的挖掘；于 2006 年的 6 月第三次改版，把新闻面扩充到其他门类，之后，流量迅速飙升。目前 Digg（掘客网）已经是全美第 24 位大众网站了，正逼近纽约时报（第 19位），轻松打败了福克斯新闻网，网站访问量的排名是全球第100 位。每天有超过 100 万人聚集在掘客，阅读、评论和挖掘4 000 条信息。掘客类网站其实是一个文章投票评论站点，它结合了书签、博客、RSS（收集、筛选新闻的阅读器）以及无等级的评论控制。它的独特在于它没有职业网站编辑，编辑全部取决于用户。用户可以随意提交文章，然后由阅读者来判断该文章是否有用，收藏文章的用户人数越多，说明该文章越有热点。如果用户认为这篇文章不错，那么 dig（挖掘）一下，当 dig数达到一定程度，那么该文章就会出现在首页或者其他页面上。

目前中国有搜掘网、至酷掘客、奇客发现、窝窝网、板儿砖等大大小小数十个网站。掘客网站要靠以下几类人群的支持。首先是挖掘者，某些人发现了好的文章，就想推荐出来给其他人分享，这些人是掘客的原动力。而且凡是自己提交的文章，都会收录在自己的掘客家园里，等于是为自己提供了一个网络收藏夹。其次是浏览者，对于阅读者来说，在 Digg 网站上看到的文章，都是经过网友筛选的，省去了自己大量的在网上瞎兜的时间，提高了阅读效率。网友的挖掘，既节约了浏览者的时间，又为他们提供了阅读的指南。第三是评论者，掘客不仅仅是把文章挖掘出来就告结束，而是还要发动大家对挖掘出来的文章发表看法，探讨更深层次的东西。对于评论者来说，原文只是一个引子，而评论有时比原文更有价值。第四是收藏者，对于喜欢使用网络收藏夹的人来说，在掘客的每一次投票，每一次推荐，每一次评论，都是一个收藏的过程，凡是网友关注的文章，都会保存在网友的个人掘客家园里。第五是网络写手，博客的时代是全民写作的时代，越来越多的人参与到博客中来，如何推广自己的博客呢？如何让自己的博客迅速被别人所知呢？掘客就是一个很好的推广平台，把文章自己推荐到掘客，接受更多网友的浏览、点评和投票。第六是交际群体，掘客提供了朋友圈的交友功能，和一般的纯粹为了交友而交友的网站不同的是，掘客是因为大家有共同的阅读喜好，所以才会走到一起，成为好友，这样的好友才会有共同语言。

### 3. 印客

印客被收入 2007 年文新集团新媒体类流行语。印客也称 in 客，是教育部 2007 年 8 月公布的 171 个汉语新词之一，还是 2006 年中国互联网的又一新词汇。它以互联网为沟通、联系渠道，把网民所写的、画的、摘录的任何文字和图片变成具有永久保存价值的个性化印刷品，有的还提供网上销售服务。印客始于 2005 年，美国印刷业的新锐 lulu.com 以其独特的经营模式，成功出版了 350 种杂志。因意识到传统杂志出版产业已经饱和，新的出版社 10 个有 9 个面临倒闭的困境，lulu 开始大力使用快印设备开辟小数额印刷，通过网站接受全球网友的出书订单。无论你印 10 本还是 1 本，lulu 网统统可以为你搞定，而且价格非常便宜。

随后，印客在中国悄然崛起。写作——当作家——出书，这曾经是很多人遥不可及的梦想。互联网的普及给热爱写作的人们带来转机，无数人涌向电子公告牌、博客、文学网站，借助电脑方便地写出几万、数十万的文字，然后发表、被传播，时不时收到网友读者的回复。2006 年下半年，随着快印设备印刷成本的降低，仅需 30 元～40 元便可以单独定制一本书，而且，借助傻瓜排版软件可以自己排版。现在还出现了印客网（inkerwang）这样为客户提供专业设计和印制服务的机构，解决了消费者对软件对色彩的不专业问题，使得设计的个性印品宛若一本精美的时尚杂志，图文并茂。中国的印客群体从此开始体验到真正的专属精美印品。

印客产生的原因是由于我国书号发放的限制、出版社不甚灵活的挑选机制以及出书必须数千册起印导致的高费用，使得部分优秀的写作者无缘进入公众的视野。印客模式使中国的出书门槛几乎为零，加上很多网友愿意把自己所写、所拍或者摘录的东西排版印刷成书，既满足自己的作家梦，又可永久珍藏，还能送给亲朋好友。这使得印客群体急速扩大。对此，2007年8月新闻出版总署等四部委联合发出《关于规范利用互联网从事印刷经营活动的通知》，为规范印客类网站承接印刷经营活动提供了明确的法律依据。

4. 起点中文网

起点中文网是文新报业集团 2008 年发布的网络通讯类流行语。它是国内最大文学阅读与写作平台之一，是目前国内领先的原创文学门户网站。2001 年 11 月，起点中文网的前身，玄幻文学协会由一批爱好玄幻写作的作者发起成立。2002 年 5 月，玄幻文学协会筹备成立文学性质的个人网站，正式成立起点中文网。2003 年全国个人网站大赛，起点中文网从近 2 000 多参选网站中脱颖而出成为第一名。2004 年起点中文网世界 ALEXA 排名第 100 名，成为国内第一家跻身于世界百强的原创文学门户网站。2005 年起点中文网当月签约作品稿酬发放突破 100 万，创业内发展奇迹。在由中国社会科学院互联网发展研究中心、中国文学网、中国当代文学研究会举办的 2007 年优秀文学网站推荐活动中，起点荣获三项殊荣：最佳原创平台、十大最具影响力文学网站、网络文学杰出贡献网站。2008年获得上海市政府及其他机构颁发的一系列奖项，并且被收入文新报业集团的网络通信流行语。同年福布斯中国名人盛典上荣获"新锐媒体"殊荣。

2006～2007百度小说年度搜索排行榜前10部作品中，有8部来自起点中文网，点击率超过千万的作品已不在少数。网站流量排名上居于全国网站30强。拥有驻站作者15万余人，其中签约作者4 000余人，注册用户超过2 000万人，总访问量居世界前100位。起点的作品收费并不高，读者每读千字只需付费2分钱左右。但由于读者量多，依然给网站和作者带来了不菲的收入。起点中文网总经理吴文辉当天告诉记者，仅2008年8月，"起点"就向1 000名作者支付了共计200万元的稿酬，但能够拿到"百万年薪"的作者，目前在起点的签约作者中只有大约千分之一，堪称凤毛麟角。①但年薪10万元左右的就多了。起点商务出版部经理罗立告诉记者，当天（指2008年9月10日）到场的作者基本都能拿到10万元左右的稿酬，而他们大多是兼职的。②2008年10月起点中文网又有新动作。该网站启动与国内最具商业价值作家合作的计划，将其新作品通过网络首发，首批签约作家包括海岩、都梁、郭敬明等18位。同日，该网站宣布获得第7届茅盾文学奖的21部入围作品的网络传播授权。③一些名不见经传的草根写手和作品，如当年明月的《明朝那些事儿》、天下霸唱的《鬼吹灯》等借助起点中文网的推荐而一举成名。

---

① "以文学之名"：Web 2.0赚钱了.中国经济周刊.第46期。
② 起点中文网启动全国30省级作协主席小说竞赛.新民晚报，2008-09-10。
③ 起点中文签18位畅销书作家.中国新闻出版报，2008-10-24.第4版。

### 三、分析解释

本节描述的流行语反映的是网络时代社会成员的交流沟通现象，折射出 21 世纪初期网络交流具备的即时性、多样性、互动性、草根性等特点。

首先，网络技术的发展进步，使个人表达方式多样化。博客、微博、掘客、印客等新词，反映了网络技术发展使个人表达方式出现了多种形式。这些形式从文字、声音到画面，从静态到动态，从听觉到视觉，从单向到多向。通过更多形式和渠道传播个人的思想和情感。网络技术给人类社会带来的不仅是传播方式的多样化，更重要的是颠覆了以往个人只能被动地接受媒体的传统传播方式，而成为发布信息和选择信息的主人。

其次，网络点击率聚集人气、扩大影响、蕴涵商机。2006年 2 月至 8 月，徐静蕾的博客冲破了点击量突破 5 000 万大关，刷新中国互联网的历史纪录，引来诸多商家做广告。精明的商家知道如果靠单纯的博客广告来赚钱的话，可能网站所得收入不会太高。但是，如果让用户通过手机订阅方式来看博客，只要把名人博客发彩信到用户手机，网站、名人和商家都可获得更高的经济效益。例如，粉客就是利用名人的"粉丝"，而抢占商机。他们去热门网站发帖子，为名人制作个人网页、博客，扩大名人的影响面，并随之营利。

第三，网络成就个人梦想。21 世纪互联网提供的交流平台和便捷的印刷条件，诞生了平民写作、一举成名的现象。利用没有门槛的网络交流平台，谁都拥有发表自己作品的权利，成就了众多籍籍无名的写作者。台湾痞子蔡的爱情小说《第一次亲密接触》因为发表在网上走红而得到出版社的关注，顺利出书。起点中文、当时的榕树下、红袖添香、天涯等文学网站红红火火，几乎成为互联网的主流，成就了平民写手当名人的梦想。

第四，网络推动草根文化。改革开放 30 年来，"草根文化"的风起云涌，丰富了人们的文化生活，补充了人们的精神需求，体现了文艺的"百花齐放、百家争鸣"的方针，对主流文化进行了辅助和补充，使文艺体现出了真正的"雅俗共赏"之特点。科学技术的发展及其展现也深刻塑造和弘扬了草根文化，而博客、微博则提供给普通大众和媒体精英以及潜在媒体精英同等展示的舞台，推动了社会文化的大众化、平民化、草根化。

# 第四节　网络娱乐

流行语：闪客、播客、沃克、网络广播、网络短剧、偷菜、开心农场、网络春晚等，反映出网民利用网络进行娱乐的新热点、新形式。根据中国互联网络信息中心的数据，2010 年中国活跃大型网络游戏用户规模为 1.1 亿人，比 2009 年增长 4 069 万人，增长率为 58.7%。[①]网络娱乐在 21 世纪前 10 年呈现出的高速增长，在 2011 年开始出现增速减缓的态势。

---

① 中国互联网络信息中心 . 2010 年中国网络游戏用户调研报告 . 第 11 页。

## 一、娱乐网客

### 1. 闪客

闪客被收入文新集团 2004 年网络流行语。闪客是网络新文化一族。所谓"闪"就是指 Flash（英文单词本意是指闪光、闪现），而"客"则是指从事某事的人，那么，闪客就是指做 Flash 的人，也指经常使用 flash 的人。"闪客"这个词源起于"闪客帝国"个人网站。关于闪客，一位研究者这样描述：每当夜幕降临，他们选择了"闪光"，用一种叫 Flash 的软件，把隐藏在心里那些若隐若现的感觉做成动画，也许是段视频，也许是段伤感的故事，也许仅仅是一个幽默。这些作品传播到网上，博得大家开怀一笑，或是赚取几滴眼泪。他们日复一日，乐此不疲。

1997 年 Flash 开始出现在中国。Flash 是一个技术门槛比较低，开发成本也相对比较低的优秀软件，它让不少业余爱好者很快加入到创作者的行列中来。最初的 Flash 动画创作者，完全出于自娱自乐的目的。因为其中有不少人曾经擅长图像、动画等的制作，他们慢慢地成长为优秀的 Flash 的创作者。1999 年，当时在互联网界大名鼎鼎的"边城浪子"，真名高大勇，率先提出了"闪客"这个概念，并创办了"闪客帝国"网站。如今，"闪客"已经与"黑客"、"博客"等概念一起，构成了风起云涌的网络亚文化浪潮。目前，中国比较好的 Flash 网站有 4 个——闪客帝国、闪吧、闪客天地和闪盟。《小小三号》、《大话三国》等作品在互联网上风靡一时，当时不少优秀 Flash 作品的浏览次数都达到了数百万次之多。①

2. 播客

播客被收入 2005 年文新网络流行语及 2007 年春夏主流报纸流行语。播客又被称作有声博客，是 Podcast 的中文直译。这个词来源自苹果电脑的"iPod"与"广播"（broadcast）的合成词，指的是一种在互联网上发布文件并允许用户订阅 feed 以自动接收新文件的方法，或用此方法来制作的电台节目。用户可以利用播客将自己制作的"广播节目"上传到网上与广大网友分享。播客的迅猛发展在美国。从 2004 下半年开始，美国的波士顿公共广播电台等许多广播电台和英国 BBC 广播电台等开始制作播客。播客的发展方向是从声音播客转向视频播客，这将取决于视频 iPod 的用户数量的增加。

播客火爆的原因首先是技术壁垒不高，成本花费不多。其次是宽带使用、数码播放器普及，特别是 iPod 大行其道。其三是自媒体、公民媒体概念深入人心。其四，播客顺应了 P2P（网络点对点技术）开源自由、内容共享的时代潮流。其五，播客与博客同源，几乎所有的播客都是博客，而博客为播客提供了一种很好的宣传推广和交流互动的平台。

2007 年播客再次被收入流行语是当年新浪首届播客大赛颁奖典礼在北京世纪金源酒店隆重举行，播客作品《男艺伎回忆录》获特等奖。在致辞中，新浪执行副总裁、总编辑陈彤表示："如果说 2006 年是'全民博客年'，那么 2007 年无疑是视频播客盛行的一年"。《男艺伎回忆录》作者王太利介绍了创作初衷：因为在电视里面，找不到自己有共鸣的东西，不如在网络里面

---

① Flash 网站九年兴衰崎岖的商业化之路来源．电子商务圈，2007-06-30。

找一些。①

　　3. 沃客

　　沃客被收入文新 2005 网络流行语。沃克 vlog，由英语 video weblog 组成，也叫 V 客。podcast，是音频播客，vlog 可以理解成视频播客。沃客是指在网上发布视频形式的网络日志。沃客的主题非常广泛，可以是对宇宙的深刻讨论，也可以是日常生活的琐碎小事。在最新发布的沃客中，你可以随着视频"游览"印度孟买，"体验"菲律宾妇女的生活，或是仅仅观看一位纽约妇女在公寓里擦拭茶壶。沃客的盛行源于摄像机价格走低，操作简便的视频编辑软件和宽带下载的速度优势。苹果公司 2005 年 10 月推出的新型视频 iPod 正好适合下载、播放短小的视频日志，极大推动了沃客的发展。

　　专家认为，沃客的风行暗示了网络与电视合而为一的趋势，即未来的节目将会通过网络来传播，而非由传统媒体定时播出，观众们不必再为看一部电视而苦苦守候在电视机前。美国纽约的 Rocketboom 站点是目前最受欢迎的沃客站点之一。它每周从纽约网罗大量奇闻逸事、小道消息和娱乐新闻。这家创建于 2004 年的站点现在每天拥有 10 万次下载量，广告商也开始注意到沃客的商业潜力。Rocketboom 的一位建立者说："人们对观看真人更有兴趣，因为他们已经厌倦了华而不实的内容。"②

　　沃客的出现唤起了人们打破现有传媒集团信息垄断，建立个人新闻的设想。对沃客持怀疑态度者则认为，虽然沃客、博客和播客是令人愉悦的娱乐形式，但是它们在重要性、资源和

---

① 筷子兄弟 . 聊《男艺伎回忆录》及创作的草根精神 . http://bb.QQ.com，腾讯宽频，2007－06－27。

② 沃客商业潜力开始吸引广告商 . 每日经济新闻，2006－01－05。

分析价值上永远都比不上传统的大众传媒。

沃克在中国经过 2005 年至 2006 年 1 年的发展，中国沃客模式市场用户规模达到 60 万人，2007 年这一数字将激增到 900 万人，增长 14 倍。目前，我国沃克网站数量已经超过数十家，知名沃客网站，如 K68、猪八戒网等引起了社会各界的普遍关注。①

## 二、网络娱乐形式

### 1. 网络广播

网络广播是 2006 年文新集团新媒体类流行语，在网上收听广播的音频服务，已经悄然成为一种新的时尚。统计数据表明，中国内地的网络用户人数已经达到 1.03 亿，其中宽带上网用户超过一半，即有 5 000 多万的网络宽带用户。这样庞大的互联网基数，也就为网络电台的兴起奠定了良好的用户基础。网络电台实际上是提供网上广播实时收听服务和听众点播收听服务的网站。这种服务对网站技术和实力的要求比较高。国内最突出的代表当数中央人民广播电台的银河台和国际在线等大型重点广播媒体网站。银河台提供 15 套节目的在线直播和点播服务，国际在线提供 40 种语言的在线广播服务。

网络电台与传统广播节目收听的最大不同在于两点：其一，网络电台从收听方式上看，由于依靠网络传播，从而有网络处便能通过相应的终端设备进行收听，网络无论是宽带还是无线，

---

① 沃客网站欲分网络经济一杯羹.中国知识产权在线网，sipo.gov.cn，2006-11-09。

收听的方式较为灵活。其二，网络电台具有互动点播特色，很多节目可以点播收听，而不像传统电台只是单向播出。当然节目的制作及相应的内容提供大体没有变化，这也是作为老媒体的电台广播在新的网络时代对自身的创新和发展。①

2. 网络短剧

网络短剧是 2007 年文新集团新媒体类流行语。中国第一部网络贺岁电影《草草不工》由北京西影汉唐传媒有限公司投资制作。2006 年 12 月 25 日该公司召开了新闻发布会。这部 10 分钟的贺岁电影改编自网络上一年不沉的一个有关青少年问题的热门帖子。短剧的内容是"90 后"男孩考试成绩太差，于是写了一封信给父亲，把自己描写成交女友、离家出走的坏孩子，父亲盛怒……最后男孩告诉父母这一切纯属虚构，父母不再追究。这部电影的主演不是大牌明星，而是选择了两位网络红人扮演男女主角。《草草不工》的出品人王雷雷认为："传统的贺岁题材作品忽略了数以亿计的网民以及网络媒体……此次我们专门组织了专业的创作团队打造主流的网络产品，以专业的水平来填补草根文化的空白点。"②两位网络红人，男主角徐飞曾制作了一段恶搞的视频挂到网上，几天时间点击率超过 10 万人次。女主角王晓雯则是因为开设了"天使博客"，一周时间点击率高达 20 万人次。

3. 开心农场

开心农场是文新报业集团 2009 年网络通信类流行语，这是一款以种植为主的社交游戏，人人网、QQ、百度等网站都有这

---

① 网络广播：听上去很美.中国计算机报，2006-06-20。
② 汉唐传媒拍摄首部网络贺岁电影.北京晚报，2007-01-03。

款游戏。该游戏开发商名为"五分钟",寓意是专做人们每天花5分钟来玩的游戏,游戏推广一开始进展并不顺利。2008 年 11 月,当命名为开心农场的游戏在校内网(现改名"人人网")上线时,仅一个星期就挤进了校内网的插件应用前 10 名。1 个月以后,为了配合圣诞节,开心农场更新了版本,当天日活跃用户冲到了 10 万,很快日活跃用户快速突破了 100 万,继而又上升至 1 600 万人,是当红网络游戏《魔兽世界》的 3 倍。[①] 用户量大幅增加以后,开发商讨论如何能让这款游戏赚钱。有人提出:"不如就搞个圣诞礼包道具卖卖看吧!"卖道具虽然是网游一贯的做法,但他们不知道在休闲娱乐为主的社交网络平台上是否有人买单,会不会因为收费而导致大量用户的流失。开心农场收费的第一天就验证了五分钟公司的商业模式获得成功。化肥道具第一天就收到了 8 000 元,而当时最火的扑克类社区游戏,道具日销售额最高也只有 2 000 元。[②]

游戏开发成功后,运营网站众多,而尤以 QQ 空间中作物最多,已达 54 种,各种作物各具特性,满足各种需求,之后还会陆续添加,玩家选择更多。平时除了可以替好友浇水除草除虫,也可以偶尔给好友捣乱,可以在好友的地里放害虫种杂草(百度农场已没有此功能),也可以顺手牵羊偷窃好友的成熟果实,还可以给好友使用特殊道具,如打狗棒、友情化肥等互动方式。农场中还有丰富的农场装饰品,打造与众不同的个性农场。开心农场游戏特点讲究互动互助。每天用户只需要上线给自己或者帮好友的作物浇浇水、杀杀虫、除除草、收收(或偷取)

---

① 全民偷菜越开心越迷失.中国青年报,2009－12－03.
② 从默默无闻到嫁入豪门"开心农场"发展史.南方都市报,2009－12－07.

果实即可。游戏不仅可以调动用户上线的积极性，还可以促使用户发起对站内好友的互动，让好友一起互动。游戏模拟了作物的成长过程，玩家在经营农场的同时，也可以感受"作物养成"带来的乐趣。

### 4. 偷菜

伴随开心农场的成功，"偷菜"也被收入 2009 年文新报业集团网络通信类流行语。"偷菜"是"开心农场"游戏中的游戏术语，因"开心农场"游戏风靡互联网，"偷菜"瞬间蹿红网络，席卷网民生活。于是，"你'偷'了吗"便成为大家见面的招呼语。很快，数百万都市白领成为"偷菜"队伍中的主力军，每天在"偷"与防"偷"中乐此不疲，甚至定闹钟半夜起床"偷菜"。有的人认为从中找到了乐趣，而有的人则觉得这无聊的游戏让人迷失。

### 5. 网络春晚

2010 年春夏季中国报纸流行语收入了"网络春晚"。网络春晚于 2010 年春节由北京电视台、新浪网、中国移动三家联袂首次推出。无论是明星还是草根，都对这种新颖的春晚形式充满了浓厚的兴趣。2010 年网络春晚是中国首届由网民决定节目创意、演员、导演和主持人的春晚。登上网络春晚的明星，大都是实力与人气兼备的票选明星。除了演出阵容上与观众拉近距离，网络春晚还设计了开放式的舞台，让观众与偶像零距离接触。技术上首度启用了 360 度环视拍摄，满足观众全方位观看节目的需求。海纳百川、包罗万象的网络春晚，在 2010 年春节期间，通过电视、网络、手机三种平台与广大观众见面。其实，网络春晚最早可以追溯到 2002 年，由网易娱乐、文化、女性三个频道共同举办，运用了动画、网络文字、声像等技术。因为 2010 年网络春晚以井喷之势席卷神州大地，媒体把 2010 年称为真正意义上的网络春晚元年。2011 年中央电视台也推出了网络春晚。

"网络春节晚会"与"央视春节晚会"最大的区别是什么？首先，内容贴近年轻人。网络春晚的观众以城市年轻人为主，以他们的口味为选材标准，不用像"央视春节晚会"那样面面俱到。其次，与观众互动充分、多元。在网络播出主窗口之外还有互动窗口，网民可以即时发表对节目的看法，参与讨论；网络春晚还开辟了"网络英雄竞猜"环节，就是把像张朝阳、马云这样的"网络英雄"动漫化，让大家点击竞猜。最后，当场出结果。"春节晚会最佳节目评选"，不用等到元宵节才评出，晚会一结束，根据大家的点击以及评价，立刻出结果。2011 年央视从大年初一到初六，每天都有网络春晚。从中央到地方，网络春晚此起彼伏，成为过年新时尚。

## 三、分析解释

《2010 年中国网络游戏用户调研报告》的数据勾勒出网络游戏的轮廓：2010 年中国活跃大型网络游戏用户规模为 1.1 亿人，比 2009 年增长 4 069 万人，增长率为 58.7%。腾讯的网络游戏用户占到总体用户的 50.4%，较 2009 年的 44.2% 提升 6.2 个百分点；网易与盛大的用户比例分别为 35.7% 和 15.9%，位列二、三位。女性在大型网络游戏用户中占 26.9%，男性比例为 73.1%。大型网络游戏用户中，10 ～ 19 岁年龄段用户群体最大，用户比例达 42.4%，20 ～ 29 岁以及 30 ～ 39 岁年龄段用户比例分别为 37.5% 和 15.8%。学生构成最大网络游戏用户群体，比例占到 40.7%；企业职员构成第二大用户群体，用户比例为 22.8%。在大型网络游戏用户中，无收入人群占到 7.1%；有收入人群中，收入在 500 元以下的用户群体最大，占整体用户的 23.5%。城镇地区与农村地区的大型网络游戏用户比例分别为 81.7% 与 18.3%。家庭与网吧是用户使用网络游戏最多的地点，用户比例分别为 81.3% 和 34.8%。①

21 世纪前 10 年网络娱乐在中国从开始迅速发展到巅峰。2011 年上半年的数据显示出网络娱乐用户数开始下降：网吧上网比例大幅下降，在网吧上网的网民比例为 26.7%，与 2010 年底相比下降 9 个百分点；在网吧上网的网民减少 3 376 万。娱乐应用热度继续回落，大部分娱乐类应用的使用率仍在下降。截至 2011 年 6 月底，网络游戏和网络音乐的用户规模分别为 3.11 亿和 3.82 亿，使用率较 2010 年底分别下降 2.3 个和 0.5 个百分点。②网络游戏使用率为什么才几年就开始呈现出下降趋势呢？2009 年 12 月 3 日《中国青年报》文章《全民偷菜越开心越迷失》，或许能为我们做出点滴解释。

"花园"、"农场"、"牧场"等交友游戏，在不到一年的时间里，迅速抢占了开心网、校内网、QQ 空间等国内知名网络社交平台。这股被戏称为"全民偷菜"的浪潮中包括中年知识分子、在校大中小学生等在内的诸多新生力量。据报道，有不少颇具"商业头脑"的玩家，还将虚拟世界中偷来的各种昂贵植物、动物、房子、汽车甚至账号放在淘宝等网站上卖，一套"北京郊区别墅"卖几十元钱，卖得好的甚至可以月收入上万元。这些玩家

---

① 中国互联网络信息中心. 2010 年中国网络游戏用户调研报告. 第 11 页。
② 中国互联网络信息中心. 第 28 次中国互联网络发展状况统计报告. 第 5 页。

成了"偷菜"最精明的受益者。但对更多沉迷于"偷菜"的人来说，他们并不会将其作为转化现实财富的手段，而是在精神上享受获得虚拟财富的满足感。不过，在某些社会学家看来，除了对游戏者身心的损害，"偷菜"折射出一种扭曲的社会和文化现象。

首先，盗窃、欺骗等游戏只能带来片刻愉悦和虚幻的成就感，所以不可能形成持久的吸引力。就职于辽宁某广告公司的小刘自从朋友向她推荐了这款游戏，就一发不可收拾。其作息时间都是根据农作物的生长规律制订的，以前早上8点才起床的她，现在不到7点就爬起来光顾好友的农场将果实"一网打尽"。即使在坐公交车和午休时间，她也不忘用手机检查朋友们的菜地，看看有没有"漏网之鱼"，有时候还帮几个爱睡懒觉的"闺蜜"打理打理菜地，增加经验值。如今已经拥有一套"花园别墅"和"千万资产"的小刘，谈起自己的成果很有成就感。有不少人跟小刘一样，在现实生活中，只是一个替别人打工的普通职员，住的不过是租来的单间、坐的是公交地铁，但一到"偷菜乐园"里，他们就能够过上贵族一般的生活，通过偷盗赚取的"钱"可以让他们迅速拥有香车、别墅，以及上千万元甚至上亿元现金。但是，上述财富都不是真的。辽宁省教育厅特聘心理专家、美国加州大学临床心理学博士杨子分析说，网络游戏毕竟不是真实生活，偷菜、赛车都是虚幻的，玩家们在游戏过程中获得的一种满足感能够让他们在日常生活中的压力得到释放，适当游戏利大于弊。但若沉迷于此，无异于陷入"自欺欺人"的境况中，不仅会产生错误的价值观，还可能会产生厌世等消极情绪。

其次，网络游戏的负面影响不可忽视。"偷菜"的隐忧大范围存在于各大中小学生中。沈阳理工大学的小于说，拥有无线网卡的他，半夜也常常起来"偷菜"，同寝的同学也一起跟着偷，然后交流经验。在沈阳某小学教书的韩老师告诉记者，在她班上有很多学生迷恋"偷菜"，有时很晚才睡导致白天上课不能集中精神。她担心，"这种潜移默化的影响很可能让这些小学生误入歧途，将网络的虚拟世界同现实世界相混淆。"在庞大的"偷菜"群体中，不少人并不能厘清虚拟与现实的二元关系，陷入一种迷失的困境。此前有媒体曾报道，在重庆，一对恋人迷恋种菜，因女友某天未能及时收菜，男友提出分手；在浙江，有女公务员因上班时间上网"种菜"被辞退；在辽宁，一位母亲为了让正在读高三的儿子专心学习，每天按"时间表"上网帮其偷菜……这样的例子不胜枚举。2009 年 4 月，300 多家企业加盟的"反庐舍（反失败者）联盟"，将开心网等社交网站作为打击对手，声明将对企业的"网络庐舍族"进行监督、教育、警示，屡教不改的将予以辞退。

在互联网的发展如此迅猛的今天，如何让人们在适度的前提下，立足现实，通过网络娱乐在虚拟游戏中获得放松，是需要长期探讨的话题。

# 流行语折射的网络问题和对策

任何新生事物都有正反两方面的作用，网络也不例外。从21世纪互联网在中国普及以来，网络引发的社会问题不断发生。《第28次中国互联网络发展状况统计报告》仍然提出"目前我国网络安全诚信问题依然严峻"的观点。报告指出，2011年上半年，遇到过病毒或木马攻击的网民为2.17亿人，占网民的44.7%。有过账号或密码被盗经历的网民达到1.21亿人，占24.9%，较2010年底增加3.1个百分点。商务应用的发展也滋生了网上诈骗等问题，有8%的网民最近半年在网上遇到过消费欺诈，该群体网民规模达到3 880万。本章分两节探讨网络社会问题和政府对此采取的应对措施。

# 第一节　网络引发的社会问题

## 一、网络社会问题

自从开始发布流行语，其中就有网络社会问题。例如流行语网络抄袭、黑网吧、恶搞、流氓软件、网络暴民、人肉搜索、网络暴力等，揭示出网络社会问题是与互联网的普及并存的。网络流行语折射的社会问题表现为网络侵权和网络犯罪。由于网络社会问题是发生在21世纪的新问题，目前我国现有的法律法规还不能完全覆盖这些问题，因此对网络侵权和网络犯罪的规治尚存诸多争议。

（一）网络侵权

1. 网络抄袭

网络抄袭是 2002 年中国报纸十大流行语候选词语。随着互联网的普及，网络抄袭现象也日益增多。2002 年的网络抄袭案例：首例网络作品著作权侵权案于 2002 年 9 月 6 日由北京市第二中级人民法院公开宣判，认定某出版社出版的大学教材《网络营销学》一书，侵犯了原告冯英健的网络作品著作权，应当立即停止侵权、赔偿损失，并负担原告诉讼费用及其调查支出。[①]类似的案例还有网站侵权：2002 年 1 月 24 日，新浪在北京二中院起诉搜狐。指控搜狐对新浪短信频道手机图片内容，对财经频道的内容，对体育频道的内容进行剽窃和抄袭，构成著作权侵权及不正当竞争。要求搜狐赔偿 30 万元。北京市第二中级人民法院于 2003 年 12 月 19 日判决搜狐败诉，搜狐应当赔偿新浪人民币 21 万元；并在搜狐首页连续 24 小时刊登道歉声明。[②]目前与网络抄袭的相关法律法规有：《中华人民共和国著作权法》、《计算机及网络法律法规》、《中华人民共和国计算机信息系统安全保护条例》等。

2. 恶搞

恶搞被收入 2006 年主流媒体文化类流行语，著名导演陈凯歌的热门电影《无极》被网友改编成《一个馒头引发的血案》引发种种争议，并使恶搞一词成为当年流行语。恶搞文化，又

---

[①] 大学教材被判抄袭：首例网络著作案始末. 中国法院网 http://www.chinacourt.org/public/detail.php?id=10904，2002−09−13。

[②] 新浪诉搜狐侵犯著作权案胜诉 搜狐请求被驳回. 比特网 http://www.yesky.com/homepage/219001885661593600/20031223/1756046.shtml，2003−12−23。

称作 KUSO 文化，是一种经典的网上次文化。KUSO 在日文作"可恶"的意思，也是"粪"的发音。也是英语"shit"（粪、胡闹）的意思。起先是教游戏玩家如何把"烂游戏认真玩"的意思。通常也拿来当成骂人的口头禅。"KUSO"来自日语，渐渐演化成"恶搞"之意，影响范围愈来愈大。后来经台湾传入大陆，现在大陆广泛流行。

恶搞文化，指的是对严肃主题加以解构，从而建构出喜剧或讽刺效果的胡闹娱乐文化。常见形式是将一些既成话题、节目等改编后再次发布。恶搞在当代流行文化中很常见。这股爱搞怪的风潮其实也是校园文化的体现，它的本质是一种游戏精神。人人都需要表达，大学生又正处于思维活跃、表达欲旺盛的年龄，所谓的"恶搞"也是他们表达自己的一种方式。现在的人一般把恶搞理解为：用滑稽、搞笑整蛊等方式表达出自己心里对某些事物的看法。《旋风管家》、《幸运星》和《银魂》等动画里面不时穿插着不同时代动漫游戏作品的恶搞，为目前恶搞动画经典。尽管恶搞流行，但是发布者应该注意分寸、不要过分，否则将对他人造成伤害。

3. 流氓软件

流氓软件是文新报业集团 2006 网络流行语。从技术上讲，恶意广告软件（adware）、间谍软件（spyware）、恶意共享软件（malicious shareware）等都处在合法商业软件和电脑病毒之间的灰色地带。它们既不属于正规商业软件，也不属于真正的病毒；既有一定的实用价值，也会给用户带来种种干扰。这种软件被称为流氓软件。流氓软件的一般表现为：（1）强行侵入用户电脑，无法卸载；（2）强行弹出广告，借以获取商业利益；（3）有侵害用户的虚拟财产安全的潜在可能；（4）偷偷收集用户在网上消费时的行为习惯、账号密码等。根据其表现特征，可以把流氓软件分为几类：（1）广告软件；（2）间谍软件；（3）浏览器劫持软件；（4）恶意共享软件；（5）行为记录软件。

反流氓软件联盟支援律师黄锦深在其博客上说，流氓软件的行径一旦形成犯罪，不容置疑应按刑法相关规定进行处置。但就其民事责任而言，我国目前在立法上仍是空白。黄认为，流氓软件占用用户电脑内存、使计算机运行速度下降、占用硬盘容量，已侵犯了用户的财产权。但侵犯财产权造成的损失怎么计算是个难题。《中华人民共和国消费者权益保护法》第七条规定了消费者财产不受损害的权利，第八条规定了消费者的知情权，第九条规定了消费者的选择权，第十条规定了消费者的公平交易权，第十一条规定了赔偿权。如果电脑用户因使用流氓软件而遭受财产损失，显然可以适用第七、第十条；如果流氓软件是在电脑用户不知情的情况下强行安装，或劫持了浏览器，则可以适用第八、第九、第十条。黄锦深称，此法虽然提供了一定的法律依据，但以上法律规定并不是明确针对流氓软件而设。因此，社会期待尽快出台相关法规。

4. 网络暴民

网络暴民被收入 2007 年春夏季主流报纸文化流行语。根据中国新闻研究中心的报告，网络暴民是指有以下共同行为的人群：恶意制裁、审判当事人并谋求网络问题的现实解决；通过网络追查并公布传播当事人的个人信息或隐私，煽动和纠集人群以暴力语言进行群体围攻；在现实生活中使当事人遭到严重伤害并对现实产生实质性的威胁。

2007 年发生的网络暴民事件是"海艺虐师事件"。5 月底一段 5 分钟的视频爆出海淀区艺术职业学校影视艺术专业二年级数名学生在课堂上羞辱一位年迈老师，这段录像被放到网络论坛。视频激起网民的愤怒，短短两天，这段视频和相关帖子占据国内几乎所有网络论坛和门户网站显要位置。有网友将学生的姓名电话等信息逐一公布，学校网站随即被黑。甚至有网友表示，学生侮辱老师并传播视频，是对公众的挑衅和蔑视，要到学校"收拾"这些叛逆的学生。[①]

此事引发了社会舆论的争议。主张与学生理论的观点认为：应让当事人认识错误。按照网友的推断，视频肯定是学生自己拍摄，并且上传到网络的。这是一种炫耀和病态的心理，应该制止这些学生并让他们向老师道歉。就网络暴力倾向，这派认为，这些能站出来声讨学生的网民，是有社会责任感的、理性的。与之相反的观点认为，公布学生个人信息不妥。学生的行为虽然很离谱，应该受到谴责，但通过网络将其家庭住址、电话、生活照片等信息公布出来是不妥的，这些学生还是未成年人，应该由教育部门纠正其行为。即使需要法律手段解决，也要履行相关程序，不是随便什么人都能够管理其他人。如果这么草率，人人都有权力声讨别人，那谁还有安全感？还要司法机构干什么？除此以外的网络暴民事件还有"虐猫女"和"铜须门"。

5. 人肉搜索

人肉搜索被收入2008年度主流媒体社会生活类、文新报业集团网络通信类流行语。它区别于百度、谷歌之类的搜索引擎，是利用人工搜索信息的方式。人肉搜索虽然与计算机搜索不同，但是也和网络相关。通常是网友们想知道在网络上发帖或事件

---

① 海淀艺校确认虐师事件.新华网，2007-05-29。

涉及的人的真实身份，然后发动群众在网下调查出某人某事的真实地点和当事人的真实身份，而后公诸于网上。近年来人肉搜索引发了一系列网络暴民、网络暴力事件，其中严重的恶性事件是 2008 年发生在北京的人肉搜索第一案。

事件起因于某女性白领因丈夫外遇在网络留下"死亡博客"后自杀身亡，某些网站通过人肉搜索，找到其夫并对其声讨，其夫上告法庭。此案经过三次审理于 2008 年 12 月 18 日由北京市朝阳区人民法院一审判决被告行为构成对原告隐私权和名誉权的侵犯，判令被告删除相关文章及照片，在网站首页刊登道歉函，并分别赔偿原告精神损害抚慰金 8 000 元。一年后北京市第二中级法院维持一审判决。法院建议工业和信息化部对"人肉搜索"等网络新生事物进行引导。目前，对人肉搜索的侵权行为还有很多争议。

6. 网络暴力

网络暴力是文新报业集团 2008 年公布的网络通信类流行语。2008 年 9 月 1 日《经济参考报》发表文章《"网络暴力"愈演愈烈》。文章指出，自"虐猫事件"后，"网络暴力"现象愈演愈烈，"铜须门"、"史上最毒后妈"、"姜岩事件"、"很黄很暴力事件"接踵而至，参与网民数量形成规模，不仅在网络上声势浩大，更对现实生活形成冲击。网民的道德审判、恶搞侮辱谩骂给当事者心理造成极大创伤。据中国社会科学院新闻与传播研究所研究员王凤翔介绍，"网络暴力"现象畅行于中文互联网，最先进入公众视野的当属 2006 年 2 月的"高跟鞋虐猫事件"，主人公虐猫的行为引起网民公愤，在网络追缉令的强大攻势下，致使当事人丢掉了工作，付出了沉重代价。网络暴力事件发生的初始，有些人还为网络时代舆论力量的强大欣喜不已。

但是，随着人肉搜索的发展，网上追缉令越来越频繁，所涉及的领域越来越私密，甚至涉及到私人情感（如"铜须门"和"姜岩"事件），歪曲真相造成冤假错案（如"史上最毒后妈"），网络声讨开始从正义的道德审判转变成对公民人权的践踏，发生了一系列恶性事件。由于互联网络传播功能强大，这些事件在网上迅速扩展、聚集人群，引起许多只了解片面情况的群众聚集在一起干预他人的私生活。网络传播的某些事件，通过人肉搜索找到真人，然后聚集不明真相的网民对其进行声讨、清算，最终导致了一些给当事人造成人身攻击的恶性结果，影响了社会的安定和谐。

（二）网络犯罪

随着互联网络的普及和应用，网络犯罪比例也逐年增加。犯罪行为以计算机网络为工具或以计算机网络资产为对象，运用网络技术和知识实施。流行语黑网吧、熊猫烧香反映出近年来网络犯罪的案例。

1. 黑网吧

黑网吧是文新报业集团 2004 年网络通信类流行语。什么是黑网吧？权威解释就是不遵守中国政府公布的相关规定与条例的网吧。中国第一家网吧出现在 1994 年。截至 2004 年 8 月 31 号，全国共有合法登记的网吧 10 万余家，上网计算机是 462 万台，从业人员是 49 万人，连锁网吧的门店是 4 334 家。根据文化部 2004 年统计，全国网吧拥有的固定资产是 136 亿元，2003 年的营业收入达到了 88 亿，主营利润 29 亿，为国家交纳税金是 6.7 亿，创造增加值是 46 亿。单从数字上看，网吧为我国经济和社会的发展的确做出了较大的贡献。①

　　但是，某些网吧接待未成年孩子、通风不良、卫生条件脏、乱、差，未成年人在此浏览黄色网页、聚众滋事。许多青少年犯罪都与黑网吧相关。鉴于黑网吧是未成年人打架斗殴、盗窃、赌博、吸毒、色情等犯罪行为的场所，2004 年 2 月 17 日国务院办公厅转发文化部等 9 个部门《关于开展网吧等互联网上网服务营业场所专项整治意见》的通知，责成 9 部委联合开展对网吧等互联网上网服务营业场所的专项整治。文件中有坚决取缔黑网吧的明确指示。

　　经过半年的专项整治，全国各级文化管理部门，共检查网吧 180 万家，出动执法人员 250 万人，罚款 1.0115 亿元，责令停业整顿 1.8 万家，吊销网络文化经营许可证 1 631 家。通过专项整治，网吧接纳未成年人等问题得到了初步的遏制。（文化管理部门）聘请了 6.3 万网吧的社会义务监督员，初步形成了齐抓共管的格局。②目前政府部门出台的与网吧相关的行政法规文件有：《中华人民共和国计算机信息网络国际互联网管理暂行规定》、《中华人民共和国计算机信息系统安全保护条例》、《中国公用计算机互联网、国际联网管理办法》、《中国公众多媒体通信管理办法》、《互联网上网服务营业场所管理条例》等，凡违背上述文件的网吧，就是黑网吧。

　　2. 熊猫烧香

　　熊猫烧香被收入 2007 主流媒体春夏季社会类、年度社会类和当年文新报业集团网络通讯类流行语，是因为这是我国破

---

① 文化部文化市场司副司长张新建讲话 . 搜狐 IT，IT.SOHU.COM，2004−10−30。
② 同上。

获的国内首例制作计算机病毒的大案。2006年底我国互联网上大规模爆发熊猫烧香病毒及其变种。该病毒传播速度快，危害范围广，两个月左右就有上百万个人用户、网吧及企业局域网用户电脑系统遭受感染和破坏，引起社会各界高度关注。《瑞星2006安全报告》将其列为十大病毒之首，在《2006年度中国大陆地区电脑病毒疫情和互联网安全报告》的十大病毒排行中一举成为"毒王"。2007年1月中旬，湖北省网监部门根据公安部公共信息网络安全监察局的部署，对熊猫烧香病毒的制作者开展调查。经查，熊猫烧香病毒的制作者是湖北省武汉市李俊（男，25岁），他于2006年10月16日编写了熊猫烧香病毒并在网上广泛传播，并且还以本人出售和由他人代卖的方式，在网络上将该病毒销售给120余人，非法获利10万余元。经病毒购买者进一步传播，导致该病毒的各种变种在网上大面积传播，对互联网用户计算机安全造成了严重破坏。同年2月12日湖北省公安厅宣布，根据统一部署，湖北网监在浙江、山东、广西、天津、广东、四川、江西、云南、新疆、河南等地公安机关的配合下，一举侦破了制作传播熊猫烧香病毒案。李俊在狱中配合研究杀毒软件，于2009年12月被提前释放。

## 二、分析解释

上述流行语折射的在网络传播领域引发的社会问题，主要分两大类。一是网络侵权，例如，网络抄袭、恶搞、流氓软件、网络暴民、人肉搜索、网络暴力等；二是网络犯罪，例如，黑网吧、熊猫烧香等。

（一）网络侵权

1. 网络侵权形式和性质

随着互联网的广泛普及，网络侵权行为的具体表现形式也越来越多。网络抄袭是对被侵权者著作权或知识产权的侵犯，流氓软件是大网站对小网站或用户经济利益的侵犯，过分恶搞、网络暴民、人肉搜索、网络暴力反映出网民对当事者造成的人身或精神伤害。

网络侵权的性质主要是对被侵害者人身和利益的侵犯。例如，网络抄袭把他人成果据为己有，侵犯了原创人的名誉和经济利益。流氓软件的入侵，在用户不知情、不自愿的情况下，扩大了用户的上网流量，迫使用户增加费用，侵犯了用户的经济利益。

过分恶搞、网络暴民、人肉搜索、网络暴力等侵权行为的性质是对被侵犯者构成人身侵犯。程度比较轻的恶搞可以看做开玩笑、调侃，但是玩笑如果过度，就可能对人造成侮辱和伤害。特别是网络暴民、网络暴力，在网上看到某些所谓不平的事，在没有搞清楚事实真相的情况下，利用人肉搜索引擎，在获取当事人的信息之后，对其进行声讨、围攻等过激行为，以致对当事人造成人身伤害，构成侵权。

2. 网络侵权的法律认定

通过列举流行语反映的网络问题，我们可以把这种现象理解为：网络引发的侵权行为是传统的侵权行为在新的历史时期、新的社会条件下新的表现形式；也就是说网络侵权行为是技术变革引起的新形式的侵权行为。网络侵权行为的表现形式是剽窃他人成果、变相多收费、声讨他人等，造成的后果是对被侵权者造成名誉、财产或人身伤害等。网络侵权是近年发生的事件，目前我国还没有专门为此立法，就其性质而言，网络侵权是社会成员之间、社会成员与社会组织或社会组织之间关于财产关系和人身关系引起的纠纷，当事人的侵权行为没有构成犯罪，所以对网络侵权的法律认定依然在民事诉讼的范围内。

### （二）网络犯罪

网络犯罪，是指行为人运用计算机技术，借助于网络对系统或信息进行攻击，破坏或利用网络进行其他犯罪的总称。网络犯罪，既包括行为人运用编程，加密，解码技术或工具在网络上实施的犯罪；也包括行为人利用软件指令，网络系统或产品加密等技术及法律规定上的漏洞在网络内外交互实施的犯罪；还包括行为人借助于其居于网络服务提供者特定地位或其他方法在网络系统实施的犯罪。

网络流行语黑网吧、熊猫烧香等反映的网络犯罪行为只是某些个案，当今世界网络犯罪的危害不仅体现在黑客、病毒对计算机的破坏和杀伤，甚至能发展到扰乱社会秩序危及国家安全的程度。至于通过网络传播计算机病毒所造成的破坏程度，足以致使地域性计算机系统瘫痪、社会组织运转失灵，甚至国家安全受到威胁等严重后果，不亚于自然灾害、战争等灾难对人类社会造成的毁坏。其破坏程度取决于病毒作者的主观愿望和他所具有的技术能量。数以万计不断发展扩张的病毒，其破坏行为千奇百怪，我们不可能穷举所有的破坏行为，而且很难做全面的描述。值得注意的是网络犯罪在全世界都呈现出低龄化的趋势，因此应该特别注重防范青少年网络犯罪。简略列举网络犯罪种类有：利用计算机实施金融诈骗罪；利用计算机实施盗窃罪；利用计算机实施贪污、挪用公款罪；利用计算机窃取国家秘密罪；利用计算机实施其他犯罪：电子讹诈；网上走私；网上非法交易；电子色情服务、虚假广告；网上洗钱；网上诈骗；电子盗窃；网上毁损商誉；在线侮辱、毁谤；网上侵犯商业秘密；网上组织邪教组织；在线间谍；网上刺探、提供国家机密的犯罪。

　　防范网络犯罪是摆在全世界面前的课题，各国政府已经开展了一系列相关法制建设工作。20世纪90年代，世界各国有关计算机犯罪的法规皆已比较成熟，这些法规基本上都是针对黑客性质的犯罪的。1979年，我国制定的第一部刑法中没有关于网络犯罪的规定，直到1981年我国才着手制定有关计算机网络安全方面的法律法规和规章制度。1991年5月国务院第83次常委会议通过了《计算机软件保护条例》，1994年2月国务院令第147号发布了《中华人民共和国计算机信息系统安全保护条例》。这都是改革开放以来较为重要的法规，是规范计算机信息系统的安全管理、惩治侵害计算机安全的违法犯罪的法规，在我国网络安全立法史上具有里程碑意义。随着我国计算机网络应用迅猛发展，计算机网络相关违法犯罪活动也相应地表现出新的特征。1997年10月1日起我国实行的新刑法，第一次增加了网络犯罪的罪名，包括非法侵入计算机系统罪，破坏计算机系统功能罪，破坏计算机系统数据、程序罪，制作、传播计算机破坏程序罪等。这表明我国计算机法制管理正在步入一个新阶段，并开始和世界接轨，逐步进入我国的计算机网络的法治时代。

# 第二节　应对政策和措施

　　流行语文明办网、博客实名制、打击网络淫秽色情专项行动、整治互联网低俗之风、反流氓软件、网络游戏防沉迷系统、黑屏、绿坝－花季护航、绿坝、绿色上网，展示了政府部门及相关机构应对网络社会问题的对策和措施。

## 一、相关政策

　　2007 年 1 月胡锦涛总书记在中共中央政治局第 38 次集体学习时强调，以创新的精神加强网络文化建设和管理，并就加强网络文化建设和管理提出五项要求。一是要坚持社会主义先进文化的发展方向，唱响网上思想文化的主旋律，努力宣传科学真理、传播先进文化、倡导科学精神、塑造美好心灵、弘扬社会正气。二是要提高网络文化产品和服务的供给能力，提高网络文化产业的规模化、专业化水平，把博大精深的中华文化作为网络文化的重要源泉，推动我国优秀文化产品的数字化、网络化，加强高品位文化信息的传播，努力形成一批具有中国气派、体现时代精神、品位高雅的网络文化品牌，推动网络文化发挥滋润心灵、陶冶情操、愉悦身心的作用。三是要加强网上思想舆论阵地建设，掌握网上舆论主导权，提高网上引导水平，讲求引导艺术，积极运用新技术，加大正面宣传力度，形成积极向上的主流舆论。四是要倡导文明办网、文明上网，净化网络环境，努力营造文明健康、积极向上的网络文化氛围，营造共建共享的精神家园。五是要坚持依法管理、科学管理、有效管理，综合运用法律、行政、经济、技术、思想教育、行业自律等手段，加快形成依法监管、行业自律、社会监督、规范有序的互联网信息传播秩序，切实维护国家文化信息安全。[①]

根据中央精神，针对网络传播引发的社会问题，政府机关出台和实施了相关对策和措施，也在近年来的流行语中有所反映。

1. 文明办网

文明办网是文新报业集团 2006 新媒体流行语。2006 年 4 月 9 日，千龙网、新浪网、搜狐网、网易网、TOM 网、中华网、百度网、北青网、中国搜索网、西陆网、西祠胡同网、雅虎网、和讯网、大旗网等 14 家网站，联合向全国互联网界发出如下倡议：

一、在互联网工作者中大力宣传、贯彻、落实胡锦涛总书记提出的以"八荣八耻"为主要内容的社会主义荣辱观，以传播弘扬热爱祖国、服务人民、崇尚科学、辛勤劳动、团结互助、诚实守信、遵纪守法、艰苦奋斗的内容为荣，坚持文明办网，把互联网办成宣传科学理论、传播先进文化、塑造美好心灵、弘扬社会正气的阵地。我们要坚持唱响"主旋律"，坚持传播有益于提高民族素质、推动经济社会发展的信息，努力营造积极向上、和谐文明的网上舆论氛围。

---

① 胡锦涛.以创新的精神加强网络文化建设和管理.新华网 http://news.xinhuanet.com/politics/2007-01/24/content_5648188.htm，2007-01-24。

二、坚决抵制与社会公德和中华民族优秀传统美德相背离的不良信息，自觉抵制网络低俗之风，净化网络环境。不刊载不健康文字和图片，不链接不健康网站，不提供不健康内容搜索，不发送不健康短（彩）信，不开设不健康声讯服务，不运行带有凶杀、色情内容的游戏，不登载不健康广告；不在网站社区、论坛、新闻跟帖、聊天室、博客等中发表、转载违法、庸俗、格调低下的言论、图片、音视频信息，积极营造网络文明新风。

三、坚持自我约束，实施行业自律。建立、健全网站内部管理制度，规范信息制作、发布流程，强化监管、惩处机制；加强对网站从业人员的职业道德、网上公德教育，增强社会责任感，推动互联网行业健康发展。

四、自觉接受管理，欢迎社会监督，开设举报电话、举报邮箱，建立全天候举报制度，对网民反映的问题认真整改，不断提高网络媒体的社会公信力，让社会信任，让家长放心，让广大网民文明上网。

2006 年 4 月 22 日，100 余家网站在京联合举办以"文明办网、文明上网"为主题的宣传日活动，以现场咨询、接受群众举报等方式清扫"网络垃圾"，倡导网络文明。4 月 24 日下午15 时，在国务院新闻办网络局、中央文明办未成年人组的大力支持下，人民网强国论坛举行主题为"文明办网：知荣辱，树新风"的网上座谈会。此后，许多省市的网站也纷纷签署文明办网的自律公约。

2. 博客实名制

博客实名制被收入文新报业集团 2006 新媒体流行语，关于博客实名制，目前法律学界还没有一个确定的定义。在实名制讨论的初期，有人认为博客实名制就是用真实姓名上网，将自己的真实姓名公布在互联网上。目前普遍的认识是：博客实名制只是"有限"的后台实名，个人的真实名字并不一定要和网名一起在博客网页上出现，而只是在后台系统里进行管理。即当一个用户要到博客网站或 BBS 网站注册账号时，需提交身份证、必要的证件和真实姓名等。而在前台，用户可以使用自己喜欢的名称，而不是真实姓名。网民如果没有做危害公众利益、违反国家法律的事，真实姓名属于隐私。而一旦触犯了法律，隐私将不能再成为隐私，会受到监管。

根据新华网 2006 年 1 月 29 日的一则信息，中国首家以真实姓名注册和发布网络信息的博客网站——博客联合社区当日在北京正式上线。博联社声称，不实行开放式的自由注册，而是通过推荐、邀请和自荐三种方式，经过严格的职业资质和身份审查接纳博客作者，并标注真实姓名、职业和个人近照，以保证个人信息的真实性和所发布信息的严肃性。在一个月的内部测试期间，已有近 2 000 名来自学术、传媒、教育、商企和自由职业等行业的用户在博联社完成注册。尽管已经有网站实行博客实名制，但是，博客实名制至今仍然争议较大。中国互联网协会秘书长黄澄清说，由于隐私保护、验证机制等问题，目前实行博客后台实名制的条件还不成熟，中国鼓励对网络博客实行前台匿名后台实名制。[①]博客是否应该实行前台匿名后台实名？部分网友认为，实名注册与以自由和个性为生命的互联网特性不符；也有部分网友表示，不敢对自身言论负责任的博客，并不是健康的。

---

① 中国鼓励网络博客前台匿名后台实名.新华网，2007—05—22。

## 二、相关措施

我国政府部门和相关机构对互联网络引发的社会问题非常重视，近年来不仅加强了在法律法规、技术标准、基础设施、网络信任体系等方面的建设，还不断实施专项行动加大对互联网络的监管力度。

（一）行政干预

1. 打击网络淫秽色情专项行动

打击网络淫秽色情专项行动是 2007 年春夏季主流报纸十大社会流行语，反映了公安部等十部委联合组织开展依法打击网络淫秽色情专项行动。2007 年 4 月 12 日，公安部、中央宣传部、教育部、工信部、文化部、国家广电总局、新闻出版总署、国务院新闻办、银监会、全国"扫黄打非"工作小组办公室决定，从当年 4 月开始，在全国组织开展为期半年的打击网络淫秽色情专项行动。专项行动成果显著，截至 2009 年底，各地公安机关查处网络淫秽色情案件 940 起（刑事案件 334 起），查处不法分子 1 000 余人。此外，各地公安机关还删除网上淫秽信息 21 万余条，关闭淫秽色情网站、栏目 205 个。[①]

2. 整治互联网低俗之风

整治互联网低俗之风是 2009 年主流媒体春夏季国内时政类和年度社会生活类流行语。2009 年 1 月 5 日，国务院新闻办、

---

① 中国打击网络淫秽色情专项行动成果显著. 新华网 http://news.xinhuanet. com/legal/2010-02/24/content_13042140.htm，2010-02-24。

工业和信息化部、公安部、文化部、工商总局、广电总局、新闻出版总署等七部门召开电视电话会议，部署在全国开展为期一个月的集中整治互联网低俗之风专项行动。会议强调要采取有力措施坚决遏制网上低俗之风蔓延，进一步净化网络文化环境，保护未成年人健康成长，推动互联网健康有序发展。网上低俗信息不仅有悖于社会公德，而且违背了《中华人民共和国未成年人保护法》、《中华人民共和国妇女权益保障法》等法律法规和行业规范。针对一些网站以多种形式发布格调低下、内容粗俗甚至低级下流信息，社会各界十分关注，广大群众反映强烈，许多家长发出"救救孩子"的呼声，强烈要求党和政府采取坚决措施加以整治。会议要求各地各部门严格执法，敢于碰硬，对在网上传播淫秽色情信息和低俗信息的不法分子，要依据有关法律法规和管理规定严肃处理。对屡教不改、影响恶劣的网站，要曝光一批、处罚一批、关闭一批，绝不姑息迁就。会议要求中国互联网协会等行业组织积极行动起来，组织广大网站认真履行自律公约，大力倡导传播文明健康信息。要将行业自律和公众监督结合起来，认真落实网络信息公众评议、公众举报等制度，发动群众对网上信息进行监督。专项整治行动开展一个多月来，分期分批公布了一些网站传播的低俗内容，并令其清除。各搜索引擎服务商积极行动，采取措施处理了一大批含有违法内容的网页、图片，阻止淫秽色情和低俗信息在网上传播。例如，百度公司对搜索结果含有写真、露点、成人文学、走光、偷拍等低俗内容的网页进行了全面清理，共处理含有低俗内容的信息 3 900 多万条。①

---

① 搜索引擎服务商整治低俗之风见成效.千龙网，2009-02-11。

（二）技术手段

1. 反流氓软件

反流氓软件见文新报业集团 2006 年发布的网络通讯流行语，此软件由中国反流氓软件联盟研发。中国反流氓软件联盟由网友自发组成，不属于任何机构和商业公司，目前的组成人员包括发起人、原告、律师、网站维护人员及热心网友，是非营利组织。所有工作人员为义务志愿工作。它的官方网站：www.94xyz.com。联盟与北京知道创宇信息技术有限责任公司共同开发了免费防御软件"门神"，希望能通过技术手段降低流氓软件给广大网民带来的危害。中国反流氓软件联盟的宗旨是：通过网友自身的觉悟，运用法律手段向恶意软件宣战，呼吁社会各界的人加入到行动中来，联盟将分批分期起诉一切流氓软件，不分公司大小，不分公司背景，在网站上使用投票系统，根据投票结果依次起诉。通过示范效应，号召全国的网民在各地展开诉讼。号召更多的律师提供法律援助。在有关反流氓软件的法律案件中，上海"很棒小秘书"案的终审胜诉迎来首个胜诉判例。

2. 网络游戏防沉迷系统

网络游戏防沉迷系统分别被收入 2007 年主流媒体春夏季社会生活类、年度教育类流行语。新闻出版总署与教育部、公安部等 8 部委于 2007 年 4 月 9 日联合下发《关于保护未成年人身心健康实施网络游戏防沉迷系统的通知》。该通知规定，防沉迷系统的实施将按三个步骤进行：2007 年 4 月 15 日～6 月 15 日为国内各网络游戏企业需按照《网络游戏防沉迷系统开发标准》在原有网络游戏中开发防沉迷系统，2007 年 6 月 15 日～7 月

15 日为系统测试时间，2007 年 7 月 16 日起正式投入使用。该系统实施后效果显著，根据中国青少年社会服务中心 2009 年发布的《未成年人互联网运用状况调查技术报告》，自 2007 年 7 月在全国正式开始实施网络游戏防沉迷系统以来，未成年人网络游戏用户的比重明显下降。报告援引《2008 年中国游戏产业报告》数据，2008 年，18 岁以下未成年人占全体网络游戏用户数量的 15.7%，比 2007 年的 22.6% 下降了近 6.9 个百分点。①

3. 黑屏

黑屏被收入 2008 年主流媒体社会生活类和文新报业集团网络通信类流行语。微软在当年 10 月 20 日针对中国市场在 20 日启动 Windows XP 专业版及 Office 的正版验证计划，届时，安装了盗版的电脑将被强行每小时"黑屏"（桌面背景变为纯黑色）一次，Office 的菜单栏将被添加"不是正版"的标记，盗版软件的用户将分别遭遇电脑"黑屏"与"提醒标记"等警告。"黑屏"是微软打击盗版维护版权的举措。微软正版验证计划刚刚启动，即成为各大论坛上的评论焦点。多家网站的相关调查显示，有超过六成的网民反对微软采取黑屏等措施警示盗版用户。对此，微软公司在 3 天后发表《关于 Windows 和 Office 正版增值计划致用户的公开信》称，"黑屏"计划不会影响用户计算机任何功能性使用。微软针对中国盗版用户启动"黑屏"的事件在中国公众中引发了多种反应：愤怒、反思、鼓舞，甚至有人将其娱乐化，这些情绪互相牵扯，有的甚至互相矛盾。某些研究知识产权的专家们认为，"黑屏"事件完美地诠释了双刃剑的

---

① 实施网络游戏防沉迷系统保护未成年人健康成长见成效. 新华网 http://news.163.com/09/0305/17/53LKVS65000120GU.html，2009-03-05。

含义，即知识产权是一个必须加以严格限制的制度，太宽松固然对创新不利，太严厉则会让消费者受到伤害。在拓展市场时，盗版可以是打击竞争者的武器，而在奠定市场强势地位后，反盗版也可以成为欢庆收割的镰刀。①软件版权应当并且必须得到切实保护，但权利的行使应当通过合法途径与手段，超出法律允许的必要界限，微软黑屏之类的手段就可能演化为"版权暴力"，陷入"以暴制暴"的窘境。②

4. 绿坝、绿色上网

2009 年有一系列关于净化网络环境的流行语：春夏季主流报纸文化教育类收入绿坝－花季护航，文新报业集团网络通信类收入绿坝和绿色上网。"绿坝－花季护航"，是一款保护未成年人健康上网的计算机终端过滤软件。可以有效识别色情图片、色情文字等不良信息，并对之进行拦截屏蔽，产品同时具有控制上网时间、管理聊天交友、管理电脑游戏等辅助功能。2009年 5 月 19 日工业和信息化部出台文件，提出在国内生产的计算机和销售的计算机上装上过滤软件，目的是减轻、减少淫秽色情等不良信息对社会的危害，特别是对青少年的危害。但是此事在贯彻落实过程中出现不同意见。工业和信息化部负责人在8 月的国务院新闻办新闻发布会上表示，"绿坝"软件下一步如何安装和预装，政府部门将广泛听取各方面意见，绝不会出现在所有销售的计算机里强制安装的情况。从措施本身来看，政府的初衷无疑具有积极意义。一些电脑使用者对其反应消极，原因主要集中在对个人隐私的担忧，浏览网页权限的潜在限制，

---

① "黑屏门"引发复杂心态.文汇报，2008－11－02。
② 微软"黑屏"疑似"以暴制暴".新民晚报，2009－04－21。

以及软件本身的技术水平等问题。一些专家学者表示，政府的决定和行为要获得社会的广泛认可，还需要更多考虑民众的关注点和感受，让民众有知情权和选择权，进而"欣然接受"。

2004 年中国电信为了贯彻《中共中央国务院关于进一步加强和改进未成年人思想道德建设的若干意见》，利用自身的技术和网络优势，连续几年在各地逐步推出了绿色上网业务。作为国内最大的宽带互联网接入服务提供商，他们与政府、社会团体如各级妇联、青少年保护组织、教育机构等开展深入合作，共同推广中国电信绿色上网业务，引导我国青少年正确利用好互联网这一信息工具。绿色上网有几种功能：第一是过滤功能，绿色上网可以自动拦截、屏蔽互联网内的不良信息，如黄色、赌博、暴力、毒品、邪教、自杀等网站，为用户创造一个绿色健康、安全洁净的网络环境。第二是时间管理功能，用户可自行设定允许绿色上网账号上网的时间和时长，如在已设定为限制上网的时间内上网，绿色上网系统将自动中止用户与互联网的连接。第三是查询功能，用户可自行查询一周时间内绿色上网账号访问有害网站的历史记录，可详细列表显示用户所访问过的网址、浏览的时间及网站是否有害等信息。第四是杀毒功能，彻底清除危害计算机和网络的计算机病毒、恶意代码。

## 三、分析解释

网络社会问题是当代社会无法回避的一个新领域，也是新兴的网络社会学研究的重要内容。尽管以上流行语涉及的内容不能完全反映在当代社会中发生的网络社会问题全貌，但是通过描述上述现象，可以把网络社会问题归结到文化层面和技术层面。表现在文化层面的问题主要是通过网络传播不良内容影响以青少年为主体社会成员的价值观，使其背离当时社会的道德底线，做出破坏社会和谐的行为。例如：网络传播的色情、淫秽、凶杀等不良内容致使青少年上网成瘾、沉迷网络游戏等，严重影响了他们的学业和身心健康，甚至导致他们犯罪，破坏社会秩序。还有利用人肉搜索引发的网络暴民对当事人采取的网络暴力事件，致使一群不明真相的社会成员干预他人私生活，以致造成对他人的人身攻击和伤害。

表现为技术层面的网络问题通常称之为网络安全问题。导致网络安全问题通常是通过技术手段开发软件、研制病毒达到破坏计算机和网络系统的目的。例如：黑客攻击、流氓软件、计算机病毒等对网络系统和计算机系统的硬件、软件及其中数据的破坏、更改、泄露、盗窃等，导致计算机系统运行失控，网络服务中断等现象。网络安全是全球性课题。在网络社会中，人为地利用计算机及其网络实施危害计算机网络安全的违法犯罪活动，可以说是形形色色。网络犯罪作为一种新的犯罪形式，具有高智能高技术、涉及面广、蔓延迅速、危害巨大、隐蔽性强、动机和目的复杂多样等特点。据有关方面统计，目前全球由于计算机及网络犯罪造成的损失超过成百上千亿美元。

与反映在文化层面的网络社会问题相比，技术层面的网络安全问题，显得更为隐蔽和不可预见。与传统的社会问题相比，网络社会问题的影响后果更为严重。尽管许多网络社会问题的表现形式十分隐蔽，有时甚至不易被人追踪和发觉，但其在造成的后果方面却丝毫不逊于传统的社会问题类型。如在网络病毒攻击中，也许犯罪分子只是在键盘上轻轻敲几下，就会给全球金融系统造成难以弥补的损失，而且这种损失可能是永远无法恢复的。网络社会问题是在网络环境中产生的，但作为现实社会的一种延伸，网络社会问题其实也直接针对于现实中的人，甚至全人类，尤其是网络社会问题作用范围的全球性、形成机制的技术性、表现形式的复杂性、控制手段的艰难性在一定程度上进一步增加了其影响后果的严重程度。无论是网络社会问题或网络安全问题，都会对国家和个人的安全、利益、财产、健康、日常生活等许多方面造成重大损失，破坏社会良性运行和协调发展。解决网络社会问题和网络安全问题是全球性课题，各国都十分重视，中国亦不例外。近年来中国政府和相关机构从制定法律、法规，规范道德、行为，行政管理、技术开发等诸多方面入手进行综合治理并取得了成效。

# 青少年与网络文化

　　根据中国互联网络信息中心发布的《2009 中国青少年上网行为调查报告》的数据，在中国 3.84 亿网民中，有 50.7% 的网民是 25 周岁以下的青少年群体。这个群体已经接近 2 亿，既是网民中最大的群体，也是使用网络频繁、应用多元的活跃群体。青少年群体的网络使用行为对网络娱乐的发展，网络文化的走向，以及手机上网的推广都有着重要的影响。同时，由于青少年网民具有较高的网络使用普及率和活跃的网络娱乐应用水平，也是最可能受到互联网不良信息影响的群体。所以，对青少年群体上网行为的研究具有重要意义。

# 第一节　青少年参与的网络文化

　　调查数据显示，2009 年中国青少年网民平均每周上网时长为 16.5 个小时，比 2008 年增加了 1.9 个小时。青少年网民网络使用娱乐化特点较为突出，2009 年在网络音乐（88.1%）、网络视频（67%）、网络文学（47.1%）和网络游戏（77.2%）上的使用率均高于整体网民。交流沟通应用方面，青少年网民在博客（68.6%）、即时通信（77%）、社交网站（50.9%）和论坛 BBS（31.7%）的使用率也高于整体网民。中国青少年网民对搜索引擎的使用需求较强，使用率达 73.9%，高于整体网民 73.3% 的水平。[①]以上数据展现了青少年群体对网络文化的高度参与。互

---

① 中国互联网络信息中心 . 2009 中国青少年上网行为调查报告 . 第 5 页。

联网对青少年群体的综合工具作用更加明显：为了网上交流便捷，他们创造了新的网络符号；网络娱乐的消费刺激了网络经济的快速发展；网络的普及也催生出新新人类的网络生活。

## 一、网络符号（火星文、仓央体）

青少年为了网络交流的便利，创造了便于网络交流的符号。这些符号作为一种属于青少年群体的网络次文化，包括网络文字、网络语言、网络文体，无论主流文化是否认同这种网络次文化，它在使用汉语的青少年群体中广泛流传。

### （一）网络新文字

2007 年文新报业集团时尚生活类流行语中出现了火星文一词。火星文就是网民为了方便快捷地在网上交流，经常输入简单的同音字、近音字、特殊符号等。这种与规范汉字不同的文字被称为火星文，由拼音、汉字、日语、韩语、英语、数字、游戏语言和其他符号等组成。据说，大约于 21 世纪初期最早流传于我国台湾小学生之间，以后逐渐在大陆、香港和海外华人群体中广泛流传。探究其生成原因，可能是中文繁体字输入太麻烦，引发了台湾小学生的造字创意。目前，我国的青少年热衷于使用火星文进行网上交流，并且还有专门的火星文软件和火星文转换器。

火星文是流行于特定的范围或交际圈内，对其他非相关人可能会造成阅读与理解困难的非正规文字。以下用法可能对某些人来说是家常便饭的正常用语，但对另一些人来说则是无法理解的火星文。火星文种类繁多，而且没有统一标准。同一句话由不同人解读可能有完全不同的答案。例如：偶ㄉ电脑坏掉ㄌ害ㄡ灰长残念（我的电脑坏掉了害我非常懊恼），1切斗4幻j，↓b倒挖d！（一切都是幻觉，吓不倒我的！），那①刻_ゞω ŏ 哭了o o O ゞ為了□〆伱ゞω ŏ 真D ê づ變乖了ゞゞO（那一刻，我哭了，为了你真的变乖了），嫒過孒～～哭過孒～！傷過孒～～想過孒～～還是瓬棄鈀～（爱过了，哭过了，伤过了，想过了，还是放弃吧）等等。

### （二）网络新语言

网络上流行的新语言很多，除了本书第二章展示的流行语，媒体上还流传着许多网络新语言。上海文新报业集团近年来把一些在网络上热门流传的语言单独列为“雷词类”、“被字类”流行语。例如，2008年雷词类流行语：山寨、囧、俯卧撑、“很黄很暴力”、“雷”、打酱油、很傻很天真、脑残、槑、叉腰肌。2009年雷词类流行语：躲猫猫、不差钱、贾君鹏、秒杀、哥吃的不是面是寂寞、经济适用男、替党说话还是替老百姓说话、杯具、寂寞党、你妈妈喊你回家吃饭。2009年被字类流行语：被就业、被消费、被增长、被服务、被代表、被自杀、被娱乐、被自愿、被结婚、被小康，等等。

网络语言由一些时髦新词和短句构成，一经上网常常会获得惊人的高点击率。因此，新华网有一篇文章把创造上述网络新语言的人称为“标题党”。文章写道：不要以为这些雷人的语句是小品台词，它们是时下正流行的“标题党”精心打造的网络标题。如果说标题是文章的眼睛，这样一双会“放电”的眼睛对网民来说的确有足够的吸引力。当前互联网上类似这样的标题制作已悄然形成一股流行风气。在互联网上利用各种颇具"创意"的标题吸引网友眼球，以提高文章点击率，这样的人被网民戏称为"标题党"。在"标题党"看来，没有"夺人心魄"的标题，无论是内容还是文字都难以受到网友的关注。从"贾君鹏你妈喊你回家吃饭"到"哥吃的不是面，是寂寞"，"标题党"流露出嘲讽精英意识，解构传统价值以及无厘头搞笑的娱乐主义倾向，而网民对于这些另类标题的无理性地追捧，从一个侧面也反映出娱乐主义对网络的渗透，以及"文化快餐时代"的社会浮躁心理。①

### （三）网络新文体

如果说，青少年创造的火星文是网络新文字、雷词类等词语是网络新语言，那么，时下流行的一些小段子就是网络新文体。例如某事件在网络迅速流传，其中又有代表性的词语出现，那么在网友们的推广下，很快就能成为网络"新文体"流行开来。2011 年 8 月 11 日泉州晚报文章《网络"新文体"：宣泄还是批判》，列举了十大网络新文体。

1. 知音体

知名杂志《知音》多刊登感情和爱情故事，其煽情路线相当成功，这种风格的标题就叫"知音体标题"。网友把"知音体"搬上网络，发扬光大。

经典原版

躺着四处谢罪啊，为了站着做人——一个摩托车手三次车祸的重创与震撼

---

① "标题党"流行，文化失落还是创意无限？. 新华网，2009-09-22。

创意翻版

《白雪公主》：苦命的妹子啊，七个义薄云天的哥哥为你撑起小小的一片天

2. 羊羔体

"羊羔"为"延高"二字的谐音，源于第五届鲁迅文学奖诗歌奖得主、武汉官员车延高的名字。

经典原版

车延高诗《徐帆》：徐帆的漂亮是纯女人的漂亮 / 我一直想见她，至今未了心愿 / 其实小时候我和她住得特近 / 一墙之隔 / 她家住在西商跑马场那边，我家 / 住在西商跑马场这边 / 后来她红了，夫唱妇随 / 拍了很多叫好又叫座的片子

创意翻版

网友诗作《冬日娜》：冬姐的漂亮是纯女人的漂亮 / 面庞灿白，颧骨唯美 / 还有深邃的黑眼窝 / 其实这十年我和她走得很近 / 零距离 / 后来她红了 / 和我一起 / 见证了很多我得冠军又挤眉弄眼的时刻

3. 淘宝体

源自淘宝卖家客服，因其逢人就叫"亲"（"亲爱的"缩写），亲切又带腻味的语气表达，很快在网络中形成了新文体的潮流。

经典原版

亲，您好，为您服务，全场两件包邮，质量超赞哦！亲，好评哦！欢迎选购哦！

创意翻版

南京理工大学"淘宝体"录取短信：

亲，祝贺你哦！你被我们学校录取了哦！南理工，211院校噢！奖学金很丰厚哦！门口就有地铁哦！景色宜人，读书圣

地哦！亲，记得 9 月 2 日报到哦！录取通知书明天"发货"哦！
上网（http://www.ems.com.cn）就可以查到通知书到哪了哦。

4. 梨花体

"梨花体"谐音"丽华体"，因女诗人赵丽华名字谐音而来，
因其有些作品形式相对另类，引发争议，又被有些网友戏称为
"口水诗"。

经典原版

赵丽华诗《我终于在一棵树下发现》：一只蚂蚁／另一只蚂
蚁／一群蚂蚁／可能还有更多的蚂蚁

创意翻版

网友诗作《梨花体》：写诗的体裁／首先要大白话／还要把／
大白话断开／就是帕金森氏综合征患者／震颤性的／按／回车键

5. 凡客体

在研究和剖析两位代言人（韩寒、王珞丹）的特质和凡客
品牌诉求之后，凡客提交了一个极富个性化以及自我表达的方
案——以"爱……不爱……是……不是……我是……"为基本
叙述方式的剖白式广告。

经典原版

爱网络、爱自由；爱晚起、爱夜间大排档，爱赛车……我
是韩寒，我和你一样，我是凡客。

创意翻版

爱发明，爱创意；爱抓羊，也爱被羊们耍；爱老婆，更爱
老婆坚贞无比的平底锅。不是恶狼，不是色狼，我是灰太狼——
狼哥诚品。

6. 动车体

"7·23"温州动车追尾事故新闻发布会上，铁道部新闻发言

人王勇平就掩埋车体一事解释说："掩埋车体是为了更好的救援，至于你们信不信，反正我是相信。"记者问："为什么宣布车厢里没有活人，车体开始拆了，小女孩还被救出来？"他回答："这是一个奇迹。"这一创造性的回答被定义为"动车体"。

经典原版

"……至于你们信不信，我反正信了。"

创意翻版

中国红十字总会是清白的，至于你们信不信，我反正是信的。

灾难现场总有生命的奇迹发生，至于你们信不信，我反正是信的。

7. 李刚体

2010 年 10 月 16 日，河北大学新区里两女学生被撞  死一伤，肇事者李启铭非常淡定地耍狠，靠他当官父亲的头衔，非但不道歉还理直气壮。

经典原版

有本事你们告去，我爸爸是李刚！

创意翻版

唐诗版：床前明月光，疑似地上霜。我爸是我爸，李刚是李刚。

普希金版：假如生活欺骗了你，不要悲伤，我爸是李刚。

8. 3Q 体

腾讯 QQ 和 360 软件纠纷，波及大量用户。后腾讯公司给用户发信，但信中的措辞和观点引发争议。这封公开信也被大量网友调侃，讽刺恶性商业竞争无视消费者利益的现象。

经典原版

当您看到这封信的时候，我们刚刚做出了一个非常艰难的决定。在 360 公司停止对 QQ 进行外挂侵犯和恶意诋毁之前，我们决定将在装有 360 软件的电脑上停止运行 QQ 软件。我们将使用软件的选择交给您来决定！对因此给您造成的不便我们深表歉意。

创意翻版

亲爱的用户：我们是自来水公司，我们刚刚做出一个非常艰难的决定，因我们与电力公司吵架，我们决定对所有电力公司客户停水，我们把要断电还是断水的选择交给您来决定！你可以选择停水不停电，但是我们必须温馨提醒你，即便你选择了停水，由于电力公司已经被我们停水，他们也因为正忙于打井没法给你送电。谢谢你的选择。

9."见与不见"体（又称仓央体，因为作者是仓央嘉措。）

诗歌《见与不见》在电影《非诚勿扰 2》中走红后，引发网友模仿诗歌《见与不见》造句热潮。

经典原版

你见，或者不见我，我就在那里，不悲不喜 / 你念，或者不念我，情就在那里，不来不去 / 你爱，或者不爱我，爱就在那里，不增不减 / 你跟，或者不跟我，我的手就在你手里，不舍不弃 / 来我的怀里，或者，让我住进你的心里 / 默然，相爱 / 寂静，欢喜。

创意翻版

加班版：你病，或者不病倒，老板就在那里，不悲不喜；你休，或者不休假，工作就在那里，不来不去；你拼，或者不拼命，工资就在那里，不增不减；你辞，或者不辞职，地球还是会转，不歇不停；让我当老板，或者让我中个大奖，默然，深沉，淡定，悲催！

10. 丹丹体

2011 年 1 月 17 日晚上，宋丹丹在微博向潘石屹"发炮"，她在微博中写道："我老公不让我说了，他说别太得罪人，可我真忍不住。潘总，我就是个演员没多少钱，我请你喝拉菲（红酒），别再盖楼了，真的，求你了！"这条博文迅速蹿红网络，引来大量网友围观造句。

经典原版

"潘总，我就是个演员没多少钱，我请你喝拉菲，别再盖楼了，真的，求你了！"

创意翻版

×导，我就是个观众，没有重新学习历史的想法，我请你吃盒饭，你别再糟蹋名著了，真的，求你了。

此外，还有：蓝精灵体、银镯体、咆哮体、葛优体、走进科学体、琼瑶体、大概体、少将体等。

这些小段子可以在网络世界掀起波澜，甚至引发数百万人的集体参与，每个小段子在诙谐幽默、嬉笑怒骂之余，更有一个共同点，那就是以社会热点为题。正是对社会热点的关切，激发了网民们的创作热情，让他们乐意参与到这场造句接龙中来。不同社会群体对网络新文体有不同看法，青少年热衷网络新文体并以此为时尚。但是，成年人和家长们就感觉读不懂了。老师们认为在一般交际场合适当用用可以拉近距离、增加幽默感，但是别在正规场合用。社会学家指出，网络新文体反映了草根群体在网上的情绪宣泄，能够及时释放社会无序能量。如果把个人紧张、极具攻击性的情绪转化为一种能被社会所接受的表达方式，使相关机构和部门对某些问题产生高度重视，也许能减少更大社会冲突的发生。

**小结**

以上从文字、语言和文体三个方面描述了青少年群体对网络符号的创造，他们的创意丰富了新兴的网络文化。尽管，在青少年群体流行的网络次文化目前还未融入当代中国的主流文化，但是，已经日益受到权威机构的关注，很可能随着广泛深入的传播，最后真的进入殿堂，取得正规的"合法身份"。譬如说，某些网络新词汇最后被收入汉语词典，正式进入汉语言体系而永久流传。

从2006年开始，教育部、国家语委每年都发布《中国语言生活状况报告》，至2011年已经发布了6次。近年来的新词语中很多都与网络相关。例如，《中国语言生活状况报告2009》对新词语从社会语言学角度进行了分析，当年新词语有如下三个明显特点。一是反映社会问题的词语以某些格式为标志形成词语群，如"被××"词语群、"楼××"词语群、"〜执法"词语群等。二是体现"以人为本"理念，反映多元人群的词语增多。仅以"〜族、〜客、〜友、〜男、〜女、〜派、〜党、〜二代"为标记的就有80条，加上其他表示人群分类的，共有116条，占新词语总数的28.86%。三是网络词语与社会生活词语的迅速融合。2009年，所有能够产生社会性传播效果的事件几乎都源自互联网的揭示和推动，而后迅速被各种传统媒体引用、传播，网络和传统媒体相互作用，相互借力，这些词语甚至成为描述2009年社会生活的流行语。

## 二、网络经济

网络经济的领头羊是网络游戏，它是网络经济中的朝阳产业，即使在全球经济受到世界金融危机侵袭的时刻，中国的网络游戏产值也未受影响。中国青少年在网络游戏消费中创造着网络经济产值。

### （一）网络游戏产值 10 年增长 100 倍

据统计，2001 年中国网络游戏产值仅仅是 3.1 亿元，2002 年不到一年的时间就增长到了 9.1 亿元，而且对电信等相关周边产业的带动超过百亿元。2003 年，网游市场产值已经直逼 20 亿元，相当于当年电影业的产值。2003 年 10 月，英国人胡润制作的《中国内地百富榜》和福布斯制作的《中国内地年度富豪榜》相继出炉，排名前 10 位的富豪 4 位染指网络游戏。根据《2004 年度中国网络游戏市场调查》的数据统计，截至 2004 年 4 月 23 日，中国大陆地区共有 77 家网络游戏运营公司，已经公开测试或者收费的网络游戏 81 款，从业人员 6 000 人。2004 年，网络游戏市场产值突破了 36 亿元。不断增长的数字表明，游戏产业的金矿矿脉正急速扩大。2005 年，网络游戏市场总额突破 70 亿元，游戏用户达到 3 000 万人，同时在线用户超过 200 万，收费用户则达到 1 000 万。2006 年，中国网络游戏的市场环境、竞争格局史无前例地激烈，网游产品以每月平均 20 余款的发布速度递增。2007 年，上市成为网游市场的关键词。继 2004 年盛大、九城等第一轮网游企业上市后，2007 年，金

山、完美时空、巨人、网龙先后在半年内成功上市。2009 年 12
月，第七届中国游戏行业年会公布，不包括动漫、卡通收入在内，
2009 年全国游戏产业总产值超过 710 亿元人民币，经营收入
达到 250 亿元以上，网络游戏已占整个游戏产业产值的 35.2%
以上。中国网游门户网站"17173"在 2009 年 12 月公布的年
度网游市场调查报告中披露，超过 88% 的中国网络游戏用户
有过消费行为。在中国互联网所有业态中，网络游戏也是唯一
未受任何经济危机负面影响的业态。[①]21 世纪前十年，网络游
戏的产值从 2001 年的 3.1 亿元增长到 2010 年的 323.7 亿元，[②]
增长了 100 倍，青少年是推动网络游戏产值增长的主力军。

**（二）青少年是网络游戏的主力军**

　　由中国出版工作者协会游戏工作委员会组织进行的研究确
认，到 2005 年底，我国网络游戏用户已达到 2 634 万，其中，
在校学生占了 38.9%，已经超过了 1 000 万人，而且还在持续
增长中。网络游戏用户的年龄集中在 16 岁～30 岁之间。其中
19 岁～22 岁的占 33.3%，22 岁～25 岁的占 28.4%。在网络游
戏用户中，58.8% 的人是出于"纯粹娱乐"的目的。[③]2010 年
中国活跃大型网络游戏用户规模为 1.1 亿人，10 岁～19 岁年龄
段用户群体最大，用户比例达 42.4%，学生构成最大网络游戏
用户群体，学生在大型网络游戏用户中的比例占到 40.7%。[④]数
据显示，网络游戏的主力军是未成年的中小学生。

---

①　中国网络游戏编年史：从泥巴到传奇．辽沈北国网，2010−07−26。
②　2010 中国网络游戏产值超 300 亿．天极网游戏频道，2011−01−19。
③　在校学生从事网络游戏人数超过千万人．光明日报，2006−01−19。
④　中国互联网络信息中心．2010 年中国网络游戏用户调研报告．第 15～16 页。

2009 年中国未成年网民规模达 7 917 万人，占青少年网民整体的 40.6%，这部分群体使用手机上网的比例达到 63%。娱乐、社交和自我展示是中国大部分未成年网民网络生活的主题。在网络娱乐应用方面，未成年网民的使用率均高于整体网民，其中网络音乐和网络文学的使用率分别达到 84.8% 和 44.6%，网络游戏的使用率达 81.5%，不仅高于整体网民使用率，也高出青少年网民 77.2% 的水平。在互联网交流沟通方面，博客和即时通信使用率分别为 72.4% 和 64.6%，均高于整体网民相应使用率。[①]

## 三、网络生活（宅男宅女）

中小学生是网络游戏的主力军，成年大学生的网络生活又如何呢？ 2007 年文新报业集团发布的时尚生活类流行语"宅男"、"宅女"折射出网络时代的大学生生活。

### （一）网络时代的"宅"现象

当代有些大学生经常窝在自己宿舍里面，除了必要的外出，他们的业余活动场所除了宿舍还是宿舍。据了解，高校很多宿舍里至少有一个同学以上出现那样的情况。他们当中有男生有女生，这样的一群同学，在大学被称为宅男宅女。

宅男宅女做些什么呢？他们跟其他同学一样，都要吃饭睡觉，都要去上课，只不过，他们都不爱出门，不愿接触外界。

---

① 中国互联网络信息中心 . 2009 年中国青少年上网行为调研报告 . 第 32 页。

他们喜欢在宿舍里，看看书，上上网，睡睡觉，可以的话，舍友出去买吃的时候顺便叫帮忙捎一份回来。周末没课的时候，整天足不出户，睡觉睡个天昏地暗，玩电脑玩得一脸痴迷，当然不都是消极的，也有一些先进分子沉浸在知识的海洋里遨游。

大一学生步入大学之门不久，刚开始有很多的学生会、社团活动，活动丰富多彩，等待着他们的参与，但有一些同学天生内向，不爱参加社会活动，逐步向着宅男宅女的趋势发展。大二学生渐渐不像以前那样热衷于社会活动了，如果课程不是很多的话，就有了许多闲工夫，如何打发，宅男宅女的生活是他们的主要选择。大三专业课的增加，让许多同学开始忙起来，更加不愿外出。大四的同学毕业在即，忙着写论文、准备答辩，窝在宿舍里做足准备。

"这是我喜欢的生活方式，我觉得没有什么不妥。"这是大部分宅男宅女给出的答案。笔者调查过的学生也这么说，他们觉得宅在宿舍或家里挺自在。也许，学生工作处的老师们对这种现象有些忧虑，认为这是学生懒惰情绪的表现，长此消极下去，生活自理能力和交际能力势必大大下降，这与当代大学生独立自主的形象是背道而驰的。但是，也有些老师觉得宅在室内总比在外面惹是生非强得多。

太平洋游戏网有一段调侃，列举了网游宅男的十大优点：绝对爱岗、绝对单身、绝对真心、绝对小心、绝对执着、绝对顽固、绝对真我、绝对爱心、绝对公平、绝对忠诚。这只是戏说，不必当真。其实，宅男宅女也不一定都是大学生。一些都市自由职业者，特别是那些从事以思维见长的工作，例如写作、策划、设计、会计、炒股等职业，也有愿意"宅"在家里的。

例如一位年轻女性从事着令人羡慕的房产策划，兼做记者，也写专栏。辞了固定工作之后，日子就开始越来越简单。她几乎过着足不出户的日子。手机没钱了，上淘宝买张充值卡。换季了，去淘宝或是拍拍淘些衣服，有人上门送货。接一些约稿，大多是 QQ 上或是电话或是 MSN 联系然后做访问，实在需要见面的，都会约在晚上，幽暗的咖啡馆，或是茶馆，总之地点都是自己选择。其实不上班，是为了更好地利用和支配自己的时间。上班的时候，实在太忙碌，下班了也就不会有激情去投入写字或者干别的事情。做了 SOHO 一族①后，她每天要按照自己的要求写字，还要做策划，必须保证生活的收支平衡。工作勤奋之后，她在生活起居上是变懒了，有时候穿着睡衣可以在房子里三天不出门，要出去，也是飞快地下楼倒垃圾，或是去超市采购日用品，回家了就觉得舒服和放松了，一个人在家叫外卖吃，比和朋友吃大餐更有滋味，一边看动画片，一边吃快餐，觉得日子真幸福。

（二）网络时代成全了御宅族

所谓宅男宅女，是最近几年新兴的网络语言。指痴迷于某事物，足不出户，依赖电脑与网络的新新人类。"不要问我都干了点什么，本人处于御宅状态。"这原本是日本漫画《萤之光》里 27 岁的女主角雨宫萤的状态，流行开来后引起大多数人的共鸣。"宅男"一词源自日语"御宅族"，原本指对动漫、电玩等狂热的年轻人。后来，人们把整天不出门、不修边幅的男生也称作"宅男"。而日本的"宅女"通常是指那些女动漫迷，但后

---

① 即 Small Office Home Office，家居办公，大多指那些专门的自由职业者：自由撰稿人、平面设计师、工艺品设计人员、艺术家、音乐创作、产品销售员、平面设计、广告制作、服装设计、商务代理、做期货、网站等等。

来定义也变得像"宅男"一样，指"家里蹲着的女生"。正因为这些宅男宅女们躲在房间里，忽略了在现实世界中该扮演的角色、承担的责任，成为消极被动的"屏幕族"，所以这个词刚出现时态度并不友好，但是这样的人渐渐多了，大家都"宅"了，也不觉得有什么怪异了。

在当代中国社会大众的日常生活中，也有大量的"宅族群"，他们的 QQ 头像几乎 24 小时亮着，在游戏的纷争中，打得天昏地暗，语言不仅是跳跃的，更多的是被无数个符号和火星文代替，懒得出门玩群聚的"杀人游戏"，干脆就在 QQ 空间上玩起点名游戏，窥探他人和自己的内心世界。"外面的世界很精彩"似乎早已过时，在网络、在动漫的虚拟世界中，也许就可以满足诸多的现实和梦想，关于爱情，关于房价，关于工作，这些现实得令人头疼的问题，还是放放再说，一家一个港湾，一台电脑就是整个世界。

媒体曾评述宅男宅女是都市生活的趋势之一。这话不错，在这个时代，年轻人什么没见过，什么算新鲜，什么够刺激？旅游逛街太累，唱歌泡吧太吵，讲话恋爱要伤神要花钱，通宵派对伤害身体。简单生活，回归平实和自然。"家里蹲"怎么看都是个再适合不过的状态。各大城市的青年们，相继进入宅男宅女时代。[①]其实，宅男宅女的出现并不完全是年轻人想要"简单生活、回归平实"，而是互联网对都市生活的改变。现代社会互联网和电脑的普及，确实具有使普通人足不出户就能满足一般生活需要的功能。例如，人们可以通过网络购物，然后在家

---

① 宅女：不穿内衣的完全放松. 荆楚网－楚天金报，http://www.sina.com.cn，2007－09－12。

中坐等快递公司送货；通过网络沟通、娱乐、交费、转账、投资、完成各种学习或工作任务等。网络带给人们的便捷，不仅使年轻人、大学生、SOHO 族经常宅在家里，也能使教授、研究员、中老年人群宅在家里。

# 第二节　网络对青少年的正负面影响

　　互联网快速发展对人类生活的各个领域产生越来越重要的影响。在步入信息化社会的今天，"上网"已然成为时尚。目前在我国已有 4 亿以上网民，半数以上是青少年网民。面对不可阻挡的青少年上网热潮，如何对其进行正确引导，已经成为当前学校、教师、家长共同关注的重要问题。

（一）正面影响

　　网络带给青少年巨大而无形的积极因素在于它的信息化特征催生青少年的现代观念，如学习观念、效率观念、全球意识等。它使青少年不断接触新事物、新技术，接受新观念的挑战。

　　首先，网络是学校教育的延伸，它为青少年提供了求知和学习的广阔校园。在互联网上的虚拟学校中上课，目前已成为国外大、中学校的一种新颖的教育模式。据统计，2009 年可以开展网络高等学历教育招生的试点高校接近 70 所，几千所中小学校进行了域名注册，其中有不少建立了完整的学校站点。青少年不仅可以通过互联网及时了解学校的情况，而且还可以直接学习课程，和学校的老师进行直接交流，解答疑难、获取知识。诸多的网上学校的陆续建立，为青少年的求知和学习提供了良好的途径和广阔的空间。

其次，网络为青少年获得各种信息提供了新的渠道。获取信息是青少年上网的第一目的。当前青少年的关注点十分广泛，传统媒体已无法及时满足青少年这么多的兴趣点，互联网信息容量大的特点最大程度地满足了青少年的需求，为青少年提供了最为丰富的信息资源。互联网正在成为青少年获取种种信息的最佳来源。2009 年，中国青少年网民搜索引擎使用率为73.9%，高出整体网民 0.6 个百分点，也高于 2008 年 67.3% 的水平。大学生和中学生群体使用搜索引擎的比例很高，分别为84.3% 和 77.2%。①

第三，网络为青少年不断提高自身技能搭建了平台。美国的一些专家学者将计算机技能作为未来成功青年所必须掌握的五项基本技能之一。在网络平台上，青少年可以通过各种软件对文字、图像、声音等进行综合设计、策划。例如青少年可以把自己的创意开发成演示文稿、视频、音频、网页、游戏、动漫等，还可以相互交流切磋，利用网络提高使用计算机的技能。

第四，网络拓宽了青少年的思路和视野，加强他们之间的交流和沟通，增强青少年的社会参与度，开发青少年的潜能。由于互联网的包容性，使上网的青少年处于和现实生活完全不同的环境中，在思考的过程中，青少年不仅锻炼了自己独立思考问题的能力，而且也提高了自己对事物的分析力和判断力；网络的互动性使青少年可以通过网上聊天室或者是 BBS 等方式

---

① 中国互联网络信息中心 . 2009 年中国青少年上网行为调研报告 . 第 15 页。

广交朋友，参与社会问题的讨论，发表观点见解；而网络的无边无际也会极大地激发青少年的好奇心和求知欲，使其潜质和潜能可以有效地开发出来。有些青少年经常访问国外的网站，与素不相识的外国人交友、聊天或者探讨问题，它打破了年龄和地域界线，为青少年形成全球意识起着积极的作用。

（二）负面影响

由于互联网传递的信息量大，其中裹挟着诸如色情、反动等负面信息。这些不良信息对于身体、心理都正处于发育期，对是非能力、自我控制能力和选择能力比较弱的青少年形成负面影响，导致他们出现破坏社会秩序的不良行为，甚至犯罪。所以，如何正确、全面引导青少年对待他们面前的网络世界是摆在世界各国政府、学校等机构的重要课题。

笔者认为网络对青少年的负面影响主要反映在两大方面。其一是网络传播的不良信息，其二是青少年上网时间过长。

首先，网络传播的不良信息影响青少年的思想、道德和行为。第一，网络传播的失控，可以使青少年接触到与当前思想政治教育相悖的内容，导致青少年世界观、人生观、价值观的冲突与失范。因为，有些青少年的"三观"尚未成熟，他们可塑性强，容易受到外来思想的冲击。网络传播形成了各种文化的共享，其中包括与当代中国完全不同的意识形态。这种多元文化潜移默化的影响，对于青少年"三观"形成构成潜在威胁。青少年很容易在网络上接触到各种不同的文化思想等，如果他们没有形成正确的"三观"，就会处于矛盾和混乱中。第二，网络的虚拟状态弱化青少年的思想道德意识。据调查，有31.4%的青少年并不认为"网上聊天时撒谎是不道德的"，有37.4%

的青少年认为"偶尔在网上说说粗话没有什么大不了",还有
24.9%的人认为"在网上做什么都可以毫无顾忌"。由于缺少他
人在场,快乐原则支配个人欲望,带来一些不良后果。第三,
网络传播的色情、暴力等信息,导致青少年行为失范。有关调
查显示,因特网上非学术性信息中大约有47%与色情有关。自
制力较弱的人,往往会出于好奇或冲动心理刻意地去寻找一些
色情、暴力信息,进而可能引发诸如性犯罪等社会问题。

其次,上网时间过长影响青少年的学业和身心健康。尽管
丰富的网络信息对开阔青少年眼界,了解更多的新鲜事物具有
正面作用。但青少年如果上网时间过长,挤占了阅读书本、思
考问题的时间,影响他们知识结构与能力的平衡。网上聊天室
和聊天软件,导致青少年交友不慎或者陷入网恋。网络游戏使
一些青少年长时间沉迷其中,造成性格孤僻,不愿有正常的人
际交往等。总之,长期上网会引发青少年网络孤独症,人际情
感淡漠,对现实社会产生不认可甚至逃避的心理;"网恋"和网
络聊天会引发青少年系列感情纠葛,导致各种情感问题;网络
的虚拟性、隐蔽性,会诱发青少年的双重人格障碍;网络使用
时间失控,还会导致网络成瘾症,使青少年变得孤独、敏感、
忧郁、警觉、不服从社会规范,甚至出现精神障碍、自杀等情况。
这些现象不仅严重地影响了学校的教育工作,还给青少年带来
学业和身心健康方面的伤害。

针对网络对青少年的影响,正确引导和防治的工作需要政
府、学校、社会、家庭等从各个方面持续不断地做工作。在司
法制度方面,要尽快建立健全有关法律机制,出台有关法规,
采取有效措施,最大可能地防止利用网络进行犯罪或传播不健
康信息的行为和现象。近年来,相关部门出台了《信息网络传

播权保护条例》、《中国互联网网络版权自律公约》、《关于网络游戏发展和管理的若干意见》、《互联网著作权行政保护办法》、《最高人民法院、最高人民检察院关于办理利用互联网、移动通讯终端、声讯台制作、复制、出版、贩卖、传播淫秽电子信息刑事案件具体应用法律若干问题的解释》等文件。在净化网络环境方面，实施了一些有力措施。例如：相关部门联合提倡文明办网、删除淫秽色情信息、关闭非法网吧、开发相关软件防止网络沉迷等。在学校教育方面，大力培养适应网络时代要求的青少年教育工作者，在网上经常举办有利于青少年健康成长成材的活动，吸引青少年的积极参与，达到潜移默化的引导教育作用。我们更要占领网络阵地，建立一批有质量，有层次，有特色，能够吸引青少年的网站上爱国主义教育基地；加大宣传力度，使青少年认识到互联网的负面影响，从而有效地减少和避免互联网对青少年的伤害，使其最大程度地发挥积极作用。

# 对网络文化的学术研究

互联网的崛起是 20 世纪下半叶的一个重要的经济、政治、社会与文化事件。互联网的勃兴所引发的信息化革命，以极其迅捷的速度广泛影响着人们的社会生活，全方位地改变着人类社会的面貌，这是社会科学面临的一次重大挑战与机遇。各个学科纷纷对互联网所带来的社会巨变进行了深入的研究。网络社会学作为迅速发展的社会学分支学科，从社会学的视角对互联网所引起的社会变迁进行研究；网络文化学则主要探讨网络所带来的文化变迁及其在文化层面的表现与新的文化形态。这些研究对于人们进一步认识网络社会，更好地利用好网络为社会发展服务提供了很好的帮助。

# 第一节　网络社会学研究

## 一、网络社会与网络社会学

### 1. 什么是网络社会

互联网已经植根于整个信息社会的大系统中，它的出现是人类历史上又一次大的技术飞跃，同时也是一次大的人类社会变迁，它以前所未有的开放性和互动性，每天都在创造着新的工作方式、生活方式和思维方式。它所导致的一种全新的人类社会组织和生存模式悄然走进我们的生活，一种与以往社会不同的新的人类生活共同体形式已经形成，我们把这种共同体称为网络社会。①

　　"网络社会"与"日常社会"在"人—人"的关系方面没有本质的对立，因而它也是一个现实的而非虚拟的社会；但是这并不意味着，它与"日常社会"就没有任何区别。实际上，网络社会有着与以前所有社会形态都不同的特点，这些特点足以使之成为有别于以前所有社会形态的一种新的社会存在方式。②

　　网络社会是建基于信息网络平台的人类交往实践活动的共同体。它是一种世界普遍交往的社会结构，由人们的交往实践主体与主体通过网络这一中介客体构成的一个相互交错或平行的交往大系统，是现代世界交往、互动联系的媒介，是交往实践全球化的共在结构。③

　　此外，有学者进一步区分了作为社会结构形态的"网络社会"（network society）和基于互联网架构的电脑网络空间的"网络社会"（cybersociety），前者如卡斯特在《网络社会的崛起》一书中所言："作为一种历史趋势，信息时代支配性功能与过程日益以网络组织起来。网络建构了我们社会的新社会形态，而网络化逻辑的扩散实质地改变了生产、经验、权力与文化过程汇总的操作和结果。虽然社会组织的网络形式已经存在于其他时空中，新信息技术范式却为其渗透扩张遍及整个社会结构提供了物质基础……网络化逻辑会导致较高层级的社会决定作用甚至经由网络表现出来的特殊社会利益：流动的权力优于权力的流动。在网络中现身或缺席，以及每个网络相对于其他网络

---

① 郭玉锦，王欢 . 网络社会学（第 2 版）. 中国人民大学出版社，2010。
② 童星，罗军 . 网络社会：一种新的、现实的存在方式 . 江苏社会科学，2001（5）。
③ 王焕斌 . "网络社会"：内涵及其特征探析 . 江西社会科学，2003（2）。

的动态关系，都是我们社会中支配与变迁的关键根源。"① 他们认为，网络社会可能是所有信息化社会共有的结构逻辑，但是，一方面，它无法排除社会文化和制度的多样性，因为形式的相似并不意味着内容的雷同，网络社会对于不同民族国家来说将是"和而不同"的；另一方面，各社会网络尽管必将主动连接到全球网络中去，但各网络之间基于利益、价值观等因素不太可能"一体化"，并完全整合进单一网络。基于互联网技术架构的"网络社会"实际上是"赛博社会"，这是互联网通过虚拟现实技术模拟现实情境所形成的一个沟通信息的空间。如今，这个空间也已经成为一个非工具性的互动场所。而且就其所产生的广泛的社会关系而言，它也是一种社会形式。②

2. 网络社会的主要特点

网络社会是一种与传统社会完全不同的社会形态，而且它也不是完全虚拟的，它的载体是实实在在的，它的社会影响也是实实在在的，其主要特点有：

第一，跨时空互动性。互联网打破了传统的时空限制，将距离和时间缩小为零。人们可以借助网络在任何时间、任何地点找到网络上的任何事物或任何人。互联网构成的网络社会上的人际交流可以双向互动并且既可是同步的，也可以是不同步的。前者如通过 QQ、MSN、微博、聊天室等在线聊天，后者如通过留言、发帖等方式让人摆脱时间的限制。网络社会中每个人都可以借助电脑、手机等网络终端使自己变成一个接入点，加入到跨越时空的网络之中。这种跨越时空的互动大大改进了

---

① 【美】卡斯特.网络社会的崛起.夏铸九等译.社会科学文献出版社，2001.第 569 页。

② 郑中玉，何明升."网络社会"的概念辨析.社会学研究，2004（2）。

人类相互交流思想、言论的沟通方式。网络社会高频率互动在整体上增加了人类互动的频率和总量，推动了社会快速发展和多元化。人们可以在网络上周游世界，了解各国、各民族的文化，可以在网络上谈天说地，与不同民族、种族、国家的人对话，给人们创造一个无限扩展的、丰富多彩的多元生活空间。

第二，去中心化。网络社会突破了传统社会结构，任何人都可以超越现实社会生活中的等级差别而平等地获得信息，可以超越现实生活中的身份、地位、收入、职业等的差异而平等地交往。因此，这种模式超越了传统的权力等级，超越了因权力分配而导致的信息、地位差距，从而有可能使人们在平等交往的基础上重塑个人与组织之间的关系，使个人能够平等地享有信息与权力。网络社会这种去中心化结构，在人类历史上第一次将个人从中心到边缘的组织模式解放出来，从而使网络中素未谋面的网民，可以仅仅因为兴趣相投而成为朋友，而且由于互联网本身的特性，这种网络组织中的人际关系在本质上是平等的。这也使得网络社会中出现了各式各样的网络社区，这些网络社区成为一个去中心化的公共空间，这种公共空间与现实社会空间有很大的不同，更能吸引网民的参与，网络给网民提供了一个平等交往的机会。

第三，信息共享。网络社会本质上是一种"数字化社会关系结构"①，交流和处理信息是网络社会最基本的特征。在网络上，每一个人都有权把自己认为有价值的内容展示出来，和大家分享。互联网的生命在于有无数的人以各种形式不断地在网

---

① 戚攻.网络社会的本质：一种数字化社会关系结构.重庆大学学报，2002（1）。

络上提供新的内容。互联网的信息共享极大地改变了世界，如人们不再必须去图书馆才能看到、收集到自己想要的资料，因为网络上可能有人把这些珍贵的资料上传到网络上，人们可以足不出户把需要的资料收集下载到自己的电脑里。这种信息共享一方面给人们带来了很大的方便，极大地扩展了人们的信息源，另一方面又给传统社会的很多方面带来了挑战，如版权保护等。不仅如此，网络可以超越报纸、电影、电视、音响等以往传媒的传播特质，集各种传媒的功能于一身，它提供的文本是全方位、立体式的，从这种意义上说，网络不仅因为信息共享给人们带来了方便,而且它所带来的信息是全新的、全方位的、全媒体融合的。

第四，开放性。互联网是一个开放的网络，互联网的标志不仅仅在于使用了路由器，并且能够通过 TCP/IP 介入互联网，更为重要的是，只有开放的网络才是互联网。[①]互联网的开放性，具体体现在四个方面：一是对用户开放。不强迫用户进入一个关闭的体系，或者说不强迫用户不得连接到其他系统上，而是允许广泛的链接，就像电话系统一样。二是对提供服务者开放。可以为商业的或者学术的需要，提供一个开放的，可以接入的环境。三是对提供网络者开放。使任何提供网络者可以成为整个互联网络的一部分。四是对未来的改进开放。可以在今后增加新的服务，而不是限制在一种服务中。

第五，自由性。在网络社会里，每个人都可以在国家法律法规允许的范围内自由发表意见，从在 BBS、IRC 或 Newsgroup 上发帖子，到申请自己的讨论区，再到建立自己的空间、网页、

---

① 郭玉锦，王欢.网络社会学（第 2 版）.中国人民大学出版社，2010。

网站，这一过程需要遵守的是技术层面的规范与基本法律规定。同时，网络的管理模式是一种松散的、去中心化的模式，任何信息可能来自任何一个节点，只有网站管理员对其网站的内容进行管理，从社会意义上讲，网络社会是一个自由的、开放的生活空间。

3.网络社会学

社会学界对网络社会学这一分支学科进行了较为系统的研究。从本世纪初开始，一些社会学研究者敏锐地观察到网络给社会带来的种种挑战，研究者分析了网络社会的基本特点、网络社会与传统社会的差异、网络社会管理等内容，建构起一门不断走向成熟的网络社会学分支学科。

就研究范式而言，有学者认为，网络社会学作为一种回应互联网技术革命所导致的社会结构整体转型与重构的新知识形态，应该有其有别于经典社会学的问题意识与理论范式。这种基于网络社会学研究的新理论范式，其研究范围和问题大致应该包括以下一些主题：（1）对网络虚拟空间的社会特性及其社会学意义的研究；（2）对网络空间所特有的社会问题的研究；（3）网络虚拟社会生活对现实生活的影响研究。[①]网络社会学不仅仅是社会学的一个分支学科，作为一种知识形态，它极有可能将社会学的研究带入一个全新的领域，从而构成社会学的一个崭新的理论范式。将网络社会学研究的中心，放在针对网络空间的独特社会特性，建构一套有深厚理论思考做支撑的概念命题系统上，以建构网络社会学研究的基本立足点，是目前网络社会学研究所面临的主要挑战，也是网络社会学研究所需要

---

[①] 黄少华.网络时代社会学的理论重构.宁夏大学学报，2002（3）。

突破的重心所在。①

　　就研究对象而言，与传统社会学的讨论一样，在网络社会学研究的基本对象问题上，也存在不同的看法：有的学者比较重视对网络行动的研究，有的学者则重视网络社会关系的研究，还有的则重视网络社会结构的研究。有学者认为，网络社会学是一门研究在特定的网络社会生存方式下的团体和个人以及家庭、社区、政府、企业等机构、组织的社会生活的发展、变化规律的科学。中国网络社会学首先需要研究和回答当前社会中发生的颇有争议的网络现象。网络社会学的研究方法大致和其他社会科学的研究一样，只是其对网络技术的运用有独特的要求。②

　　有学者认为，网络行动无疑构成了人们网络社会生活得以建构的初始要素。作为网络社会中一种最常见、最简单也是最抽象的社会现象，网络行动同时也蕴涵了网络社会生活中一切最复杂、最深刻的关系和结构。一方面，网络行动使得个人与他人在网络上发生互动并构成一定的网络社会关系即网际关系，从而在此基础上组成网络群体、网络组织、网络社区乃至整个网络社会；另一方面，网络行动作为网络空间中一个最简单和最抽象的现象和范畴，它由于自身的矛盾运动而不断展开和发展的历程，也就是作为一个特殊的社会行动系统的网络社会的形成过程。因此可以说，网络行动不仅构成了一切网络社会现象和网络社会过程的基础，也构成了把网络与网络社会同整个人类社会系统联系起来的纽带，社会学对网络的研究无疑应当

① 黄少华.网络社会学的基本议题.兰州大学学报，2005（4）。
② 邓伟志，范建伟，施蕾生.关于建立中国网络社会学的问题.江海学刊，2001（4）。

从对网络行动的分析开始。①

　　也有人认为，网络社会学是研究网络行动者在网络时空中的沟通和互动规律以及网上行为和网下行为相互关系的一门科学。网络社会学的基本概念是网络行动者、网络互动、网络时空和网络场域。网络社会学还必须对网络社会的性质、功能以及它与现实社会的区别做出科学的回答。②

　　就研究方法而言，有人认为，关于网络社会的研究既不能完全脱离社会学的范畴，又不应拘泥于社会学的范畴，特别是传统社会学的范畴，对于网络社会可以进行全方位、不同角度的思考和研究。一门新的学科建立，必须确立其独立的研究方法，当前，以现实社会学研究的立场、观点、方法来观察网络社会，已经显示出了许多局限性，造成一些成果看上去更像是传统社会学的网络版，也使研究无法继续深入下去。可以预见，关于这门学科的争议会不断，而这也是一个学科发展必须要经历的阶段。通过争议，网络社会学才能更加清晰地确立其方法论立场以及研究对象的性质。③

## 二、网络社会学研究的主要议题

　　网络社会学研究主要议题是网络社会结构、网络社会关系、网络社会行为、网络社会群体、网络社会问题以及网络社会管理等。

---

① 冯鹏志．网络行动的规定与特征：网络社会学的分析起点．学术界，2001（2）。
② 夏学銮．网络社会学建构．北京大学学报，2004（1）。
③ 卢安宁．关于网络社会学研究的几点思考．前沿，2008（6）。

1. 网络社会结构

作为以信息传播为基础的网络社会，它具有与传统社会结构有别的社会结构，这种社会结构既有基于硬件而存在的"实"的一面，同时又具有基于软件应用所带来的"虚"的一面，二者的紧密结合，形成了一种全新的网络社会结构。有学者指出，"社会信息化"过程本身还不是一种社会结构或一种存在方式，但它产生的"信息化社会"这一结果，却表达出一种新的社会结构和存在方式。所以网络对于现实社会仅仅是一种技术存在；而"网络社会"作为一种相对稳定和有序的关系网络，它对于现实社会是一种技术性的社会结构和虚拟的社会关系网络。从这一意义上讲，网络社会是现实社会的组成部分，并在社会结构中有其特定的"位置"。①

有人认为，网络社会本质上是一种数字化社会关系结构。网络社会的技术本质是以数字化交互方式实现互联，网络社会的数字化特征决定着它的虚拟性，而虚拟性是网络社会数字化技术本质最重要的特征。网络社会数字化特质的形成源于两个方面：一是结成网络社会物质的、物理的要件是信息设施、通信设施、计算机设备和以数字形式流动的信息；在这里，信息既是一种度量关系、一种表现形式，又是一种物质性的内容。二是网络社会结构的形成以信息技术、通讯技术和网络技术通过数字化整合与互联实现。②

此外，还有人认为，网络社会只是一种社会结构形态，它只是信息化社会的超文化和制度的基本结构逻辑和关键特色之

① 戚攻.网络社会在社会结构中的"位置".社会，2004（2）。
② 戚攻.网络社会的本质：一种数字化社会关系结构.重庆大学学报,2003(1)。

一。信息化社会无法排除社会或国家的独特民族文化和制度形态，即使是网络社会的形成过程也需要后者的积极支持。①

2. 网络社会关系

网络社会关系更多的是一种主体之间基于网络而产生的社会关系，这种社会关系与现实社会中的种种关系有一定的差异，网络社会关系的基本特点是平等、互动、自主、选择性、符号化、超越时空限制。

有学者认为网络社会是一种共享的交往模式。在网络社会里，主体与主体之间的交往的特性之一是"不确定性"。在网络世界里，交往的双方都不知道对方的真实的面目，在网络世界里，缘于所有外部特征都可以根据主体的意愿随心所欲地塑造而在实际上摈弃了外部特征。网络世界中交往完全取决于彼此的爱好、情趣。网络社会中，主体与主体之间的交往的特征之二是"超时空性"。网络社会中，主体与客体关系的最大特征就是超越了真实世界中的物理空间，主体与客体之间的传统阻隔为数字化符号所消解，他们之间的关系逾越了物理空间。②

网络系统是一种人类互动的特殊平台，也是一个情境。一方面，它帮助人们获取日常生活信息；另一方面，你可以在网上与他人互动，这样就能打破时空的限制，不需要面对面地与人接触便能进行沟通与交流，从而形成网上人际关系的各种态势。网络作为一种人际关系媒介，提供了很多新的人际关系的体验，形成许多自身的特点。一是以文本为媒质。无论是邮件还是网上聊天，人们都是以文字为主要交流手段。尽管随着网

① 郑中玉，何明升."网络社会"的概念辨析.社会学研究，2004（2）。
② 赵晓红，安微复.网络社会：一种共享的交往模式.自然辩证法研究，2003（10）。

络宽带的增加和多媒体技术的发展，网络交流的手段也更加丰富，但是文字交流会是主要的一种交流手段。二是匿名性。网络交往的匿名性使得个体在进行自我表达时，会较少顾及社会规范的约束，比较随意。相对来说，匿名交流是一种更平等、更纯粹的交流，它使交流内容与交流技巧等的重要性得到凸显。三是广泛性。网络使人们可以不断地变换交流对象，这些交流对象的来源可以更加广泛，基本打破了地域的局限性，不同文化背景的人通过网络产生人际关系的可能性大大增加。四是心近性。网上社会的过滤性使网上人际关系呈现出"心近性"，人们可能会交往的更有深度，彼此的交流更接近心灵深处。[1]

### 3. 网络社会行为

网络已经成为人类社会生活和社会行为的一个全新场域，大大拓展了人类的生活和行为空间，从而构成了社会科学研究的一个全新领域。随着互联网的崛起，网络生活已经成为一种全新的社会现象与社会过程，网络行为也正在成为一种全新的社会行为方式。研究人们在网络空间的行为模式，对于了解和把握互联网这一全新的社会变量对于人类的社会行为、日常生活、价值观念和思维方式等的影响，有着重要的理论意义和现实价值。[2]

目前，学界对网络社会行为的研究主要集中在以下几个方面：一是作为行为场域的网络空间的社会特性。作为一个全新的社会行为场域，网络空间是由共识或共同兴趣型塑的想象的

① 郭玉锦，王欢.网络社会学（第2版）.中国人民大学出版社，2010。
② 朱永德，黄少华.网络行为研究的意义与价值.兰州大学学报，2007（2）。

社会互动场域，在网络空间里，"距离"、"身体"、"内外"等概念被赋予了全新的含义。二是网络行为及其影响因素。一方面研究网民的网络使用行为，包括网络使用方式、时间、频率、地点等，另一方面研究网民在网络空间的行为模式、行为类型与行为逻辑。三是研究互联网的行为后果，如网络成瘾、网络暴力等。学者们还研究网络对公共领域与公共生活的影响、网络对组织模式改变、网络对自我形貌的重新型塑、网络黑客行为、网络犯罪行为等。①

有学者认为，应从更宽广的角度来看待网络行为，网络行为不只局限于人们在电子网络空间里展开的那些虚拟形态的行为活动，同时也包括那些与互联网密切相关，同时在很大程度上要借助和依赖于互联网络，才能顺利展开的行为活动。根据网络行为活动展开时，主体身份特征和角色定位的不同，可以把网络行为划分为"机构导向"和"个人导向"两种类型。根据网络行为是否合乎既有社会规范的要求，可以把网络行为划分为"合规的"与"失范的"两大类型。网络行为具有六个方面的特征：生成的技术性，形态的隐匿性，方式的间接性，场域的流变性，内容的多样性和本质的社会性。②

有学者指出，上网者的网上行为严格地讲都是社会行为，都是在传递、交流社会行为指号。通过社会行为指号上网者在网上相互沟通，而沟通就是社会行为指号信息的传递、交流。从行为的功能上分类，常见的网上社会行为有通邮行为、聊天

---

① 黄少华，武玉鹏.网络行为研究现状：一个文献综述.兰州大学学报，2007（2）。
② 李一.网络行为：一个网络社会学概念的简要分析.兰州大学学报，2006（5）。

行为、交友行为、游戏行为、获取信息行为和发布言论行为。①

4. 网络社会群体

网络社会群体与现实生活中的社会群体具有一定差异。现实生活中的社会群体是以一定的社会关系为纽带的个人的集合体，群体成员间保持着经常的互动，具有明确的行为规范，有一致的群体意识，常见的社会群体有地缘群体、业缘群体、血缘群体等。网络社会群体相比现实生活的社会群体而言，边界不太明确、群体成员流动性大、规范也不明确，很多情况下，都是针对某一具体的网络事件而自然形成的群体。

上网者经常与网上的他人互动交往，自然形成了网络社会群体。网络社会群体与现实社会中的社会群体之间存在异同。相通之处在于：都有一定数额的人在彼此互动；有一定的角色分工，也有一定的规范，有一定的社会关系。不同之处在于：人与人之间互动的场域不同；社会角色步入现实社会中不是那么确定，社会关系不是那么复杂，群体意识和归属感没有那么强和持久。网络社会群体的特征有：一是亲和性。上网者参与网上群体的自由性和自主性比较强，上网者可依照自己的意愿，决定何时加入或何时退出某一网络群体，如 QQ 群、微博等。二是交往空间大。网络社会群体超越时空，扩展了人际互动的空间和场域，网络社会群体角色和社会关系简单，使得人际互动和人际关系减少了某些障碍，现实中的等级观念身份属性在网上也较少被考虑，这样就提高了人们之间交往互动的真诚度，减少了交往延迟和过多考虑的因素，从而提高了沟通效率和双向获益的强度。三是成员自由度大。网络社会群体中，没有特

---

① 郭玉锦，王欢.网络社会学（第 2 版）.中国人民大学出版社，2010。

别明确的成员构成，互相之间也没有明确的责任和义务来制约其行为，网络社会群体之间的凝聚力也不是那么强。当群体成员不能在社区或群体中获得某种满足时，他随时可以选择离开，加入别的网络社区和网络群体。①

网络社会群体虽然比较松散，但它们与现实社会中的社会群体有一定的相似性，现实社会中的社会群体也可以把交往的平台和阵地移到网络上，网络社会群体也可以分为网上初级群体（现实初级群体在网上的交流阵地）、网上地缘群体（现实地缘群体在网上的沟通平台）、网上业缘群体（如同门QQ群、部门微博等）、网上趣缘群体（如NBA空间、网上车友会等）等。

5. 网络社会问题

网络社会问题和网络给现实社会带来的社会问题，其实是紧密联系的。互联网在影响人类社会结构的同时，也必然引发一系列的社会问题，这些问题既包括网络本身的社会问题，也包括网络对现实社会所造成的冲击。网络社会问题主要有以下几个方面：

第一，网络病毒。计算机病毒是一种隐藏在可执行程序或数据文件中的具有自我复制和传播能力的干扰性电脑程序。当计算机遭遇到病毒感染后，往往会造成计算机工作不正常、死机、数据毁坏甚至计算机硬件损害等严重的后果。计算机病毒的传播，目前主要通过网络传播，比如接收电子邮件或下载不明文件等。从网络的角度来看，由于网络上病毒的引入和广泛传播，实际上也使得网络变成了一个世界上最大的计算机病毒仓库。当前，计算机病毒在互联网上的传播速度越来越快，传

---

① 郭玉锦，王欢.网络社会学（第2版）.中国人民大学出版社，2010。

播范围越来越广，造成的损失也越来越大。计算机病毒已经成为网络社会的一个严重的社会问题。

第二，网上黑客。计算机系统被不明身份者入侵后，这些"不明身份者"会破译计算机系统的密码，并把其中一些重要的绝密资料向外界传播。这些所谓的"不明身份者"就是所谓的黑客。黑客以及黑客现象是随着计算机网络的出现而形成的一种网上特殊群体和网上特殊现象。网络社会在某种意义上就是信息化社会，而信息的安全比传统社会显得更加重要，从个体层面看，在这种数字化社会里，人的信息全部数字化，这些记录一旦丢失，人就失去了各种自由乃至生存的权力和依据。从组织的角度，信息的安全是组织存在的根本保证，一旦组织信息外露，就会造成难以避免的损失，甚或引发组织解体。所以网上黑客是网络社会的一个危害严重的社会问题。

第三，网络犯罪。当前比较典型的网络犯罪如网络盗窃、网络诈骗、破坏网络资料、网络洗钱等，均已对社会公众的生活造成了极大的损害。网络诈骗是一种通过网络技术在网络上编制程序、发布虚假信息、篡改数据资料等，从而使某人或某台电脑相信并允许诈骗者非法获取信息、实物或金钱的网上犯罪行为。网络诈骗主要有四种基本形式：用户口令假冒，文件伪造，虚假网络信息发布，程序的擅自编制和篡改。随着网络社会的发展，网络诈骗作为一种新的犯罪形式，让很多人中招，造成了严重的财产损失，产生了严重的社会后果。

第四，网络暴力。网络暴力是指在网上的恶意诋毁、有针对性的恶搞等不良信息。网络暴力主要的表现形式有：（1）网民对未经证实或已经证实的网络事件，在网上发表具有攻击性、煽动性和侮辱性的失实言论，造成当事人名誉受损害；（2）在网上公开当事人现实生活中的个人隐私，侵犯其隐私权；（3）对当事人及其亲友的正常生活进行过激行动和言论侵扰，致使其人身权利受损等。网络暴力有三个共同点：（1）主观动机，恶意制裁、审判当事人并谋求网络问题的现实解决；（2）采用方式，通过网络追查并公布传播当事人的个人信息，同时煽动和纠集人群以暴力语言进行群体围攻；（3）导致结果，在现实生活中使当事人遭到严重伤害并对现实产生实质性的威胁。例如，有些"人肉搜索"已经侵犯到了被搜索者的权益，又如在市场竞争中出现一种不良现象，有些企业在竞争中借助网络操作对手的负面新闻，造成竞争对手的产品滞销，从而使自己从中受益。

第五，网络色情。网络交流的高匿名性、高互动性、高隐蔽性使色情信息的传播变得极为便利。在网络空间中，色情信息的传播规治难度极大，而且个人通过互联网接触色情信息也极为方便和安全，这无形中消除了人们在真实世界中接触色情信息所必然受到的各种压力，从而促进色情信息的传播与扩散。与此同时，由于互联网是一个去中心化的无国界的全球化数字虚拟空间，因此像在传统社会中那样对网络虚拟空间的色情信息进行控制几乎不可能。随着网络的快速普及，接触网络的人越来越多，网络色情信息和色情活动正呈现出一种愈演愈烈的趋势。作为一种严重的网络社会问题，网络色情活动的蔓延及其严重性并不仅仅在于网络色情信息以及表现形式的多少，而主要是在于众多上网者对网络色情信息的追逐和迷恋程度。网络还使色情信息多样化，除了传统媒体中常见的文字和图像之外，还出现了激情对话、虚拟性爱等新的形式。尤其需要注意的是，网络色情对青少年的影响越来越大，需要政府下大力气治理。

第六，网络成瘾。网络成瘾是一种强迫症状，并不是计划要过度上网，而往往是不由自主地滞留在网上，主体不能控制自己。结果往往是过分依赖网络或网上生活方式，而忽略了现实生活内容，生命时间多被网络占用，主体对现实生活不感兴趣。网络成瘾者中以青少年为主。

网瘾必须引起全社会高度的关注。调查表明，我国 13～24 岁青少年网络使用者中，网络成瘾青少年的比例约为 10.2%。说明青少年网络成瘾已经是一个不可忽视的社会问题。[①]

6. 网络社会管理

互联网在给人们生活带来极大方便的同时，也带来了一些新的问题，如黄色信息泛滥，网络违法犯罪高发，网上炒作的各种社会矛盾、热点敏感问题成为影响社会稳定的重要因素等，这些新问题无疑给社会管理带来了新的挑战。2011 年 2 月 19 日，胡锦涛在省部级主要领导干部社会管理及其创新专题研讨班开班式上发表重要讲话指出，要进一步加强和完善信息网络管理，提高对虚拟社会的管理水平，健全网上舆论引导机制。

目前，我国的虚拟社会管理在管理理念、法制建设、制度机制建设、人才队伍建设以及财政投入等软硬件方面都有很大不足，难以适应虚拟社会发展的需要。如何适应网络虚拟社会的迅速发展，大胆创新社会管理理念，探索网络虚拟社会管理的有效方式，切实提高网络虚拟社会的管理水平，使互联网真正成为传播社会主义先进文化的新途径、公共服务的新平台、人们健康生活的新空间，努力建构一个文明和谐、健康向上的

---

① 黄少华.网络空间的社会行为——青少年网络行为研究.人民出版社，2008。

网络虚拟社会，是我国社会管理中一个迫切需要解决的课题。具体来说，应从以下几个方面入手：一是重视解决现实问题，将虚拟社会管理与现实社会管理统筹起来抓，虚拟社会管理应借鉴现实社会管理的一些办法，坚持虚拟社会现实化管理，有效建立虚拟人口、虚拟社会的信息数据库，构建虚拟社会的综合防控网，创建维护稳定和谐的网上矛盾化解平台，为广大群众提供高效的网络社会服务。二是加大网络管理立法力度，规范网络管理秩序。建议立法部门结合我国网络发展的实际情况，准确把握网络发展趋势和网上违法犯罪活动的规律特点，尽快制定《网络安全法》。同时，应根据信息技术的发展趋势和特点，修订现行法律的相关条款，扩大其适用范围和调整对象，使之适应信息技术发展的需要。三是要畅通网络民意表达渠道，切实保证网民的知情权、参与权、表达权和监督权。[①]

为适应互联网快速发展对网络社会管理提出的新要求，2011 年 5 月，国务院成立国家互联网信息办公室，主要职责包括落实互联网信息传播方针政策和推动互联网信息传播法制建设，指导、协调、督促有关部门加强互联网信息内容管理，依法查处违法违规网站等。2010 年，微博的席卷之势让所有人刮目相看。2011 年，微博更以其 208.9% 的增幅，创下中国互联网用户规模增速之最。2011 年可谓是中国政务微博"元年"。上海交通大学公共关系研究中心、舆情研究实验室发布的《2011年中国政务微博报告》显示，截至 2011 年 11 月 5 日，新浪政务微博总数已达 18 694 个，其中政府机构微博数 10 023 个，公务人员微博数 8 671 个。除数量增加之外，中国政务微博正从

---

① 龚建明 . 虚拟社会管理的当前空间 . 人民论坛，2011（3〈下〉）。

部门"单打独斗"向整合多部门、多地区的政务微博群发展。政务微博顺应了信息传播手段的新变革，显示出政府对公共信息传播更加重视。政府管理部门在网络社会管理方面进行的多种创新尝试，对于化解社会矛盾，建立和谐社会起到了很重要的作用。

有学者认为，随着互联网络使用的身份登记管理、网络身份管理，以及网络信用体系的建立和完善等管理的逐步到位，随着网络道德规范、网络机构规章规程和网络法律规范的渐趋完善，以及随着人们的网络行为自律意识的提高和网络文明意识的增强，人们在电子网络空间里的行为活动，将更加回归于正常的状态。①

此外，有学者提出了虚拟社会管理的六大基本理念："信息公开"理念，"执政为民"理念，"疏导信息"理念，"公开对话"理念，"社会减压阀"理念和"网上统一战线"理念。研究者认为，网络时代年轻一代人适应很快，然而制定和实施虚拟社会管理政策的人大都是年长的一代，年长的一代很容易按照惯性思维来决定治理技术，所以必须遵守一些基本的理念，才能达到更好的效果。②

### 三、网络社会学研究的未来展望

目前网络社会学作为一门社会学的分支学科，它的发展还

---

① 李一.网络行为：一个网络社会学概念的简要分析.兰州大学学报，2006（5）。
② 陈力丹.虚拟社会管理的六大理念.中国党政干部论坛，2011（4）。

面临一些问题，需要学界通过进一步的研究才能达成共识，以便推动网络社会学的进一步良性发展。

有学者指出，网络社会学不仅仅是社会学的一个分支学科。作为一种知识体系，网络社会学的研究极有可能将社会学研究带入一个全新的领域，从而构成社会学研究的一个崭新的范式。网络社会学范式的崭新与经典社会学研究范式相比，首先体现在网络社会学是一种没有基点的社会学。由于网络社会学把其理论架构建立在对网络社会的开放性和多元性的认识之上，因此在网络社会学理论架构中，不可能有像经典社会学那样具有普遍意义的理论基点。正因为如此，网络社会学是一种没有中心权威和中心话语的社会学，即一种后现代的社会学。[①]

也有人认为，网络发展日新月异，而目前关于网络理论的研究已经大大滞后于网络实践，我们需要新的理论、新的思考方法，需要更多的理论勇气去开拓网络研究的新局面。网络社会的研究目前正处在一个探索阶段，甚至是一种概念阶段，还有许多问题需要我们去探寻。一门新的学科建立，必须确立其独立的研究方法。[②]

还有人认为，网络社会学可视做社会学的一门分支，但就其发展趋势和应用远景也有可能要归在今后独立产生的"网络学"学科之下。[③]

网络社会学是社会学的重要分支，随着网络社会的快速发

---

[①] 黄少华.网络时代社会学的理论重构.宁夏大学学报，2002（3）；网络社会学的基本议题.兰州大学学报，2005（4）。

[②] 卢安宁.关于网络社会学研究的几点思考.前沿，2008（6）。

[③] 邓伟志，范建伟，施蓄生.关于建立中国网络社会学的问题.江海学刊，2001（4）。

展，网络社会学研究也越来越深入，学科建设越来越完善，其在整个社会学学科体系中的地位也越来越重要。同时，网络社会学的辐射能力也在不断增强。网络社会学将不仅仅因为它的研究视野、研究方法而对相关学科产生重要影响，它必然会随着网络日益覆盖社会和人类生活的每个角落，而把自己的研究对象扩展到社会生活的方方面面，从而与其他学科（不限于社会学分支学科）出现复杂的交叉，如网络社会学将会对金融、传播等在现代社会中越来越重要的领域展开深入研究，从而产生更大的影响。

## 第二节 网络文化研究

随着网络在我国的迅速普及，给人们带来了全新的生产、生活方式，对人们的思维方式、思想观念，对人们的个性、行为模式都产生了重要的影响，可以说，网络不仅是一种新技术的应用，同时也是一种文化形态。截至 2011 年上半年，我国网民人数已经达到 4.85 亿，越来越多的人把网络作为了解信息、浏览新闻、学习知识、休闲娱乐的主要渠道，越来越多的人借助博客、微博等进行文化创造，参与文化建设。移动阅读、移动支付、移动即时通讯、智能手机和平板电脑塞满了我们时间的缝隙，用手机与互联网相连的每一个人，都成为 3.18 亿手机网民中的一员。日益改善的用户体验、更加亲民的带宽资费、不断优化的操作系统、层出不穷的智能终端，移动互联网改变了我们的生活。

网络文化是网络时代的传统文化的进一步发展，是传统文化在互联网、计算机等新技术条件下的产物，它不分国界，跨越民族，跨越时空，是人类创造出的一种新的生活、工作和思维方式。

## 一、网络文化的概念及主要特点

### 1.什么是网络文化

对于什么是网络文化，不同的学者从不同的角度给出了不同的定义，全面概括了网络文化的载体、内容、特性等。

有人认为，网络文化以互联网为技术基础，以文字、多媒体、图像等为载体，包含新闻、动漫、游戏、视频、音乐、网络文学等主要内容，以及人们工作、学习、思维、交往中所形成的价值观念和社会心态等方面的总称。[①]

有人区分了网络文化的不同层面，认为网络文化是指通过国际互联网生成的包含国际互联网媒介及技术、说话人、听话人、语境、文本等要素在内的一整套符号表意系统。具体地说，网络文化这个词应该有两重意思：第一重是指在因特网传播中生成的文化，是在因特网的媒介技术传输和人际双向交流中形成的符号表意系统及其成果。第二重是指通过因特网传播的文化，是在因特网上传输的文化。[②]

---

① 张莹，付瑞雪.网络文化现状与发展策略研究.中华文化论坛，2011（4）。
② 王文宏.网络文化多棱镜——奇异的赛博空间.北京邮电大学出版社，2009。

也有人认为网络文化就是以网络为媒介，以文化为内核，在网络开放的虚拟空间中自由实现多元文化信息、多样艺术形式的创造，获取、传播、交流与融合，并影响和改变现实社会的行为方式和思维方式。一般而言，网络文化有狭义和广义之分。狭义的网络文化是指以计算机、互联网作为重要媒体所进行的教育宣传、信息交流等诸多现代层面的文化活动，主要是以文字、声音、图像、视频等形态表现出来的精神文化成果。广义的网络文化是指遍布全球的借助网络为媒介的，并以计算机技术、通信技术和信息管理技术等现代技术为融合手段，从事包括政治、经济、军事等活动在内的各种社会文化现象。①

还有人区分了网络文化的宏观层面和微观层面，认为宏观层面的研究关注的是民族文化和西方文化，民族文化与世界文化之间的关系和冲突。一方面认为网络文化促进了传统民族文化的发展和转化，另一方面则重点关注民族文化与网络文化的冲突，其中包括英语文化的强势渗透，西方各种文化价值观点涌入、网络垃圾及意识形态颠覆等问题。微观层面的研究有四种类型：第一类是重在提倡网络时代思想道德建设和管理的重要性；第二类主要包含中国网民的信息技术使用行为分析，另外也对一些偏差行为进行分析，如上网成瘾；第三类则是业已形成的网上文化形态的分析，如网络小树、手机社交圈等；第四类是对与网络文化传播有关的法律保障研究。②

2. 网络文化的主要特点

网络文化以互联网、计算机等信息技术为基础，同时互联

---

① 山东省网络文化办公室.网络文化建设与管理.山东人民出版社，2009。
② 王文宏.网络文化多棱镜——奇异的赛博空间.北京邮电大学出版社，2009。

网具有全球化、传输速度快、不受时空限制等特点，这就使网络文化带上了明显的网络社会的特点，是网络社会在文化层面的具体体现。网络文化作为一种新兴的文化现象，已经不断渗透到人们生活的各个层面，深刻改变着人们的思维方式、价值观念和精神世界，令人无力拒绝、无法旁观，也无从逃避。

有学者认为，网络文化具有五个特点：①

第一，数字性。作为数字内容的信息，其产生、传输、加工和使用的速度快而且便利，制作和分发的成本也大幅降低。网络文化具有更新速度快，影响广泛，时效性强的特点，更新换代很快，容易很快被新的东西所取代。

第二，开放性。互联网的接入门槛较低，以开放性为特征，各民族、各种信仰、各种思想观点的人都可以在网络上发布自己的观点，可以通过博客、播客、晒客、炫客等发布自己的内容。不受时空的限制，跨越国界。

第三，交互性。随着移动互联网络的快速普及，人们在网络上可以实现各种各样的交互，每一个人都不仅仅是信息的接受者，同时又是信息的生产者，每天大量增加的微博，短短的140 个字的空间，成为改变社会生活的一支不可忽视的力量，"微博＋智能手机"让自媒体成为现实，让每个人都成为一个信息的发布端，从来没有一个平台能够像微博一样，如此彻底地激发起人们的表达欲望和参与热情。

第四，虚拟性。在网络上存在的是数字和符号，人在网络上只是代码，在一定程度上避免了等级、身份、相貌的限制。同时缺乏言谈和肢体、表情等，容易隐匿自己的真实身份，可

---

① 张莹，付瑞雪. 网络文化现状与发展策略研究. 中华文化论坛，2011（4）。

以获得较大的隐私空间。

第五，社会性。人们可以基于自己的兴趣自由加入各种社区，如开心网、团购网、校园网，参与各种网络游戏、各种论坛等，还有各种以真实居住小区为地理边界建立的各种网络社区，形成了各种各样的具有社会性的群体。

也有人从另外的角度总结了网络文化的特征：①

（1）网络传播依托高新技术，具有及时快速——甚至具有全球同步性、渗透广泛、互动性强、传播方式多样化、生产与消费并存等特点。

（2）网络不仅具备强大的资料库功能和海量无限的信息，还成为信息的放大器，进而生成某种强势新闻舆论或形成"热点"。如博客和微博，尤其是名人微博，可以短时间内迅速积聚或放大某一热点信息，形成某种强势舆论。

（3）网络文化具有虚拟文化与现实文化相互融合，以及开放性与平等性特点。

（4）网络文化的生成性使其不断催生新的网络流行语和新的文化现象，就其积极意义而言，它已成为新的文化生成、文化积累和文化价值增值的重要方式之一。每一年都会从网络上诞生一批网络热词，被广泛运用，成为令人瞩目的网络文化现象。

（5）网络文化多元、多样、多变的特征更加突出。

著名新闻学家尹韵公认为，网络是一种全新的文化表达形态，它以人类最新科技成果的互联网和手机为载体，依托发达而迅捷的信息传输系统，运用一定的语言符号、声响符号和视觉符号等，传播思想、文化、风俗民情，表达看法观点，宣泄

---

① 山东省网络文化办公室.网络文化建设与管理.山东人民出版社，2009。

情绪意识，垒筑起一种崭新的思想与文化的表达方式，形成一道崭新的文化风景。他认为，网络文化是全球同步的文化，是全民参与的文化，是个性十足的"客"文化，是集大成的文化，是强势的文化，是增大社会风险的文化。①

网络文化的上述特点表明，网络作为一个开放的平台，正逐渐创造出一种与现实社会中文化不太一样的东西，随着网络的日益普及，人们或早或晚、或深或浅都会介入到网络文化的创造和传播之中，而这种网络文化也正以一种前所未有的速度和广度影响到社会的发展和每个人的日常生活。

## 二、网络文化研究的主要议题

从 2000 年 3 月到 2011 年 3 月，在中国期刊网上，以网络文化为题名的文章约 4 474 篇，期刊论文 4 055 篇，学位论文 349 篇，会议论文 70 篇。众多学者从各自的学科背景对网络文化做出了自己的解读，网络文化研究的主要议题集中在网络文化的概念与特征、网络参与者分析、网络文化的影响、网络文化产业、网络文化管理等方面。有学者指出，要认识网络文化，需要将它放在不同层面加以考察，包括网络文化行为、网络文化产品、网络文化事件、网络文化现象、网络文化精神、网络文化产业、网络文化制度、网络文化秩序与格局。②

---

① 尹韵公 . 论网络文化 . 光明日报，2007-03-26。
② 彭兰 . 网络文化的构成及其与现实社会的互动 . 社会科学战线，2011（7）。

1. 网络文化产业

网络文化产业是文化产业的新领域和重要组成部分，在西方主要发达国家甚至已经成为国民经济发展的支柱性产业，在我国已经成为国家文化产业发展战略的重要一环。网络文化产业是一个外延比较广泛的概念，是网络产业与文化产业、信息产业与内容产业的跨越和融合发展的产物，可以包括网络出版、网络新闻、网络广告、网络教育、网络旅游等诸多网络与文化结合的产业，到目前为止，最为成熟的是网络游戏产业。除网络游戏外，移动互联网、网络视频、网络动漫等都是我国网络文化产业新的增长点，蕴藏着巨大的市场潜力。

从广义上说，网络文化产业是以现代网络为技术依托，以产业化的方式提供文化产品和文化服务的行业。从本质上看，网络文化产业不是信息产业，而是文化产业，信息技术只是载体和工具，最终目的是为了满足信息时代人们的文化消费需求。网络文化产业既是创意的产业，又是娱乐产业，从生产环节上说，它需要创造性地将现代网络技术与文化结合起来，从消费环节上看，基于网络的互动特性和消费现实，它又是地道的娱乐产业。

随着手机、移动多媒体终端等互联网终端的快速发展，网络文化产业的覆盖面扩展趋势非常明显。手机作为一种随时随身携带的终端，它的快速普及为网络文化产业的快速扩张提供了一个新的途径，音乐、彩铃、图像、广播、电视等多媒体的应用，使得手机尤其是智能手机成为数字时代的宠儿。当前中国的手机网民达到3.18亿，2011年第三季度的市场规模达到了108.3亿元。这样一个庞大的市场还在随平板电脑、智能手机等移动互联设备的不断普及而不断扩大。而为网络购物、订机票、订酒店等网络交易提供网上支付的第三方网付也取得了重大进展。2011 年 5 月，中国人民银行公布首批《支付业务许可证》，支付宝、银联商务、财付通、快钱等互联网上常见的第三方支付企业悉数获得许可证。8 月，央行公布第二批 13 家第三方支付牌照名单，其中 6 家覆盖互联网支付业务。2011 年第一季度中国第三方支付的交易规模达到 3 650 亿元。业内人士预计，2012 年中国互联网在线支付市场规模可望达到 1.6 万亿元。①

网络文化产业是各国争相发展的产业，有望成为我国的支柱产业，为此我们要打造民族网络精品工程，建立并完善一整套培养和吸引网络文化产品策划、技术以及营销管理人才的体系，规范网络产品内容，加大监管力度，大力扶持和推动互联网周边产业。我们要抓住文化大发展大繁荣的有利时机，制定网络文化产业发展规划，明确发展重点，着力培育网络文化市场主体，打造网络文化品牌。

我们要实施网络文化精品战略，增强网络文化原创动力，鼓励制作适合互联网和手机等新兴媒体传播的精品佳作，打造一批具有中国气派、中国风格的网络文化品牌，使积极健康的网络文化产品占据网上主导地位。加快传统文化产业与网络文化产业的融合，培育扶持一批国有或国有控股、实力雄厚的网络文化企业和企业集群，不断提高网络文化创作生产的规模化专业化水平。②

2. 网络文化的影响

正如彭兰教授所言，"网络文化的研究，其目的不是要在网络中划出一个圈，指出哪些对象属于或不属于网络文化的范畴，

---

① 数据来源：2011 年中国互联网发展 10 大动向.人民日报，2011-12-28.第 23 版.
② 王晨.发展健康向上的网络文化.人民日报，2011-11-03。

而是要从网络文化的角度揭示网络中所有活动与现象的社会意义，包括短期的和长期的社会意义两个方面"。

网络文化的影响体现在两个方面，一是网络文化对个人的影响，二是网络文化对社会的影响。网络文化对个人的影响既有好的一面，也有不好的一面。前者表现在网络传播的匿名性使人们在一定程度上可以重新整合其完整的人格结构，使人的精神系统保持一个动态的平衡状态，从而使其心理保持相对健康，网络缩短了人社会化进程的时间，扩大了社会化的受化范围，并且对个人角色具有重塑作用。后者表现在有些人会因此而沉溺于虚拟世界而远离现实世界，导致网络人格的双重性和人格分裂。彭兰教授把网络文化对个人的影响细分为两种，一种是网络文化对个体"社会化"的影响，个体在网络的环境里社会化过程与之前没有网络的时代必然会呈现不同的特点，网络文化对个体社会化过程有正负两方面的影响。另一种是网络文化对个体的"涵化"作用，这种涵化作用既可能是积极的，也可能是消极的。①

网络文化对社会的影响主要有四个方面：第一，网络文化与社会政治。网络文化的平等性和开放性销蚀了金字塔式的等级集权制的权力结构，使得每个社会成员有机会摆脱现实社会中的权力结构，平等地参与到网络社会之中，发出自己的声音，维护自己的权益。网络是一个无中心的、充分民主和平等的虚拟社会，有利于打破信息控制、解构政治话语权、实现电子政务，使政府的施政方式发生变化。随着网络的快速普及以及微博等网络工具的广泛应用，网络监督的力量越来越强大，很多

---

① 彭兰.网络文化的构成及其与现实社会的互动.社会科学战线，2011（7）。

现实生活中的重大事件最初都是从网络上被揭露出来；此外，网络协商、网络社会运动等也对社会政治产生了重要影响。第二，网络文化与社会经济。网络文化形成的文化产业经济构成了现代社会经济中的方兴未艾的新经济力量，最终对国家现代社会经济的发展发挥战略性的影响作用。同时，网络营造了一个新的社会环境，为全体社会成员提高经济创造力提供了一个平台，使整个社会能实现财富的迅速聚集和飞跃发展，电子商务的迅猛发展就是最好的明证。以中小企业为例，根据《第27次中国互联网络发展状况统计报告》，截至 2010 年 12 月，有94.8% 的中小企业配备了电脑，92.7% 的中国中小企业介入互联网，中小企业建立网站（含网上商铺和独立网站）的比例达到了 43%，42.1% 的中小企业曾经利用互联网进行过营销和推广工作。互联网已经成为中小企业与客户沟通和为客户服务的主要渠道之一，57.2% 的中小企业正在利用互联网与客户沟通及为客户提供咨询服务。第三，网络文化与社会文化。第四，网络文化对社会伦理的影响。网络孕育了许多新的价值观念和伦理精神，同时也导致网络社会乃至现实社会在一定范围、一定时段内、一定程度上发生失范和道德紊乱。[①]

　　此外，有学者分析了网络文化对群体分化的作用，认为网络人群的分化是网络文化持续作用的结果，表现影响因素是网民的媒介选择、网民的技术使用能力与方式、社会网络的影响、网络亚文化的影响以及网络话语的竞争。网络文化引起的人群分化，目前的影响主要还在网络中，但是，随着网络社会对现实社会影响的深化，网络所带来的人群分化，也会在整个社会

---

① 申玲玲，李炜.中国网络文化研究综述.社会科学战线，2011（7）。

结构方面产生一定的影响。①

3. 网络文化与传统文化的冲突

党的十七届六中全会通过的《中共中央关于深化文化体制改革推动社会主义文化大发展大繁荣若干重大问题的决定》对加强网络文化建设和管理做了专门部署，强调指出："加强网上思想文化阵地建设，是社会主义文化建设的迫切任务"。

网络文化自生成开始，就表现出对传统的叛离。而技术的发展促进了文明的变迁，网络文化又在对传统发生着改造和发展。网络文化与传统文化既有冲突又有融合。有学者具体分析了网络文化与传统文化的冲突：首先，网络文化与传统文化的语言冲突。网络文化突出的一个特点是形成了特色鲜明的语言文化，网络语言中，由于互联网特殊的交流环境和快速交流的需要，出现了很多新造的字和词，如符号类交流：-)；数字类交流，485（我发誓）、51396（我要睡觉了）；字母类交流，PMP（拍马屁）、BT（变态）；动物名称类称呼，青蛙（丑男）、恐龙（丑女）、大虾（超级网虫）、菜鸟（网络新手）；老词新用类词语，坛子（论坛）、打铁（贴帖子），蛋白质（笨蛋＋白痴＋神经质）、雷人、顶、沙发、板凳；造新词，美眉（美女）、拍砖（论坛上争论）、灌水（随意写），等等。网络语言的出现，确实和传统汉字文化及交流产生一定冲突。由于网络语言和传统规范的汉字的差异，青少年长期使用，可能会造成中华民族整体汉字运用水平的下降。但网络语言并非一无是处，网络语言是随着网络文化交流中的需要而出现的，有其客观现实性。其次，网络文化与传统文化的价值观念冲突。网络给人带来另

---

① 彭兰.网络文化的构成及其与现实社会的互动.社会科学战线，2011（7）。

外一种生存方式、生活方式、思维方式、交往方式。网络文化一旦成为一种独立的文化形态，它对人的生活、生存、交往的改变是传统文化对人的作用所不可比拟的。传统文化是历经几千年的历史锤炼才得以形成的一种集体智慧，是历经学习和灌输才形成的文化心理。而网络文化却几乎一下子就抓住了人们的心灵，以致某些传统的价值观念受到强烈冲击，如传统的家庭观念、婚恋观念、朋友观念、交往观念等都在悄无声息地发生着改变。当前，网络中个人主义抬头、泛自由化突出。网络文化所发生的种种问题，某种程度上源于一些错误的网络文化价值观对传统价值观的背离。最后，网络文化中的民族文化冲突。网络文化从一开始就是西方文化，网上主流意识形态和主流世界观、价值观都是西方化的，互联网已成为西方宣扬价值观念和政治准则的重要渠道。随着网络的发展，强势文化借助网络载体推行文化霸权主义，其他民族国家的文化认同、文化安全，也就是网络时代民族国家的文化发展问题成为各国的焦点，民族间的文化冲突将会越演越烈。网络文化作为新的文化类型，其本质是技术文化，只有以传统文化为依托，网络文化才能走得更远，交织于现代的先进技术，网络文化无疑有先进方面；传统文化要实现现代转换，就要抛弃其糟粕，发扬优良部分，更要在时代条件下创新。而网络文化这一新文化的代表，一定会给传统文化注入新鲜血液。各取所长、优势互补、融合发展是二者发展的未来走向。①

　　有学者认为，网络文化不仅对现有文化格局形成冲击，也可能在一定程度上影响未来文化的发展走向，具体表现在：网

---

① 曹学娜,蔡静静.冲突融合中的网络文化与传统文化.理论与改革,2011(5)。

络文化将进一步激发文化的多元化导向，网络文化将推动不同文化的对话与融合，网络文化将推动文化秩序的再建设。①

## 三、网络文化研究的未来展望

网络文化毕竟产生的历史较短，其发展还处于初级阶段，而网络技术又处于快速发展的过程中，其本质、形态、特征、规律和趋势还有待于人们进一步研究和把握。

有学者研究指出，网络文化的研究还处于起始阶段，存在着一定的缺陷和不足：一是对于网络文化和网络文化产业等概念界定不明晰，致使数量众多的研究成果难以形成体系，不同的研究者在自己理解的基础上进行相关研究，从长远来看，不利于后续研究的进一步拓展和推进。二是对网络文化中体现其技术特征的工具性分析较深入，揭示其影响社会关系的价值性分析不多，侧重于"网络"，而忽视了"文化"。三是从研究方法来看，存在着不足。主要表现在对网络文化只进行宏大的、一般性的叙述和研究，缺少对网络文化具体行为的基本分析，忽视对网络文化行为主体内在心理和价值倾向以及网络文化精神和制度层面的分析；重视对某一阶段的网络行为进行分析，缺乏一种整体的视野、联系的观点，未能从网络文化的产生、发展过程中捕捉网络文化的本质、特征及其发展趋势，理论研究的水平落后于网络文化的发展现实。②

---

① 彭兰.网络文化的构成及其与现实社会的互动.社会科学战线，2011（7）。
② 申玲玲，李炜.中国网络文化研究综述.社会科学战线，2011（7）。

　　网络文化的发展会随着网络社会的发展而出现新形态，展望未来网络文化研究，可能会在覆盖面和研究深度上取得大的突破。一方面随着网络社会的发展，很多新的网络文化现象将不断涌现，对这些新的现象进行全方位的解读，分析其对社会发展的重要意义，将成为网络文化研究新的生长点，也会成为文化研究中的亮点，例如网络流行语的研究，随着有关部门每年都发布年度流行语，更多的人参与到网络流行语研究，网络流行语的研究已经成为网络文化研究中一道亮丽的风景线。另一方面，随着更多的人参与到网络文化研究中来，对网络文化的研究将会更加深入，尤其对网络文化产业的关注和研究会更加重视，网络交易、网络支付、网络新闻、网络出版等在经济、社会和文化中的重要性会逐步上升，对网络社会各个环节的文化研究会更加深入。同时，随着时间的推移，人们对网络文化的认识会越来越清晰，人们对网络文化的社会影响、网络文化对未来文化格局和秩序的影响等的研究会越来越深入。

# 参考文献

［1］郭玉锦，王欢.网络社会学（第2版）［D］.北京：中国人民大学出版社，2010.

［2］王焕斌."网络社会"：内涵及其特征探析［J］.江西社会科学，2003（2）.

［3］卡斯特.网络社会的崛起［J］.夏铸九等译.北京：社会科学文献出版社，2001.

［4］戚攻.网络社会的本质：一种数字化社会关系结构［J］.重庆大学学报，2002（1）.

［5］戚攻.网络社会在社会结构中的"位置"［J］.社会，2004（2）.

［6］邓伟志，范建伟，施蕾生.关于建立中国网络社会学的问题［J］.江海学刊，2001（4）.

［7］黄少华.网络时代社会学的理论重构［J］.宁夏大学学报，2002（3）.

［8］黄少华.网络社会学的基本议题［J］.兰州大学学报，2005（4）.

［9］黄少华.网络空间的社会行为——青少年网络行为研究

［D］.北京：人民出版社，2008.

　　［10］冯鹏志.网络行动的规定与特征：网络社会学的分析起点［J］.学术界，2001（2）.

　　［11］卢安宁.关于网络社会学研究的几点思考［J］.前沿，2008（6）.

　　［12］夏学銮.网络社会学建构［J］.北京大学学报，2004（1）.

　　［13］朱永德，黄少华.网络行为研究的意义与价值［J］.兰州大学学报，2007（2）.

　　［14］黄少华，武玉鹏.网络行为研究现状：一个文献综述［J］.兰州大学学报，2007（2）.

　　［15］李一.网络行为：一个网络社会学概念的简要分析［J］.兰州大学学报，2006（5）.

　　［16］龚建明.虚拟社会管理的当前空间［J］.人民论坛，2011（3〈下〉）.

　　［17］陈力丹.虚拟社会管理的六大理念［J］.中国党政干部论坛，2011（4）.

　　［18］赵晓红，安微复.网络社会：一种共享的交往模式［J］.自然辩证法研究，2003（10）.

　　［19］张莹，付瑞雪.网络文化现状与发展策略研究［J］.中华文化论坛，2011（4）.

　　［20］王文宏.网络文化多棱镜——奇异的赛博空间［D］.北京邮电大学出版社，2009.

　　［21］山东省网络文化办公室.网络文化建设与管理［D］.济南：山东人民出版社，2009.

　　［22］尹韵公.论网络文化［J］.光明日报，2007-03-26.

　　［23］曹学娜，蔡静静.冲突融合中的网络文化与传统文化［J］.理论与改革，2011（5）.

[24] 申玲玲,李炜.中国网络文化研究综述[J].社会科学战线,2011(7).

[25] 彭兰.网络文化的构成及其与现实社会的互动[J].社会科学战线,2011(7).

[26] 王晨.发展健康向上的网络文化[J].人民日报,2011-11-03.

**当代中国流行文化研究丛书**

　　丛书不只是记录、描述了当代中国的流行文化是什么，还揭示了流行文化形成的社会历史渊源和引起的社会后果。作者对流行文化引起的社会问题做了深入分析，并提出了可行性解决思路，为政府决策提供了参考依据。丛书把流行语视为流行文化的亮点和特质，将同类文化特质整理成文化集丛，并通过对不同文化集丛的研究探究流行文化的模式和体系。这是很有新意的探索。

中国社会学会名誉会长、
中国人民大学一级教授

郑杭生

流行语折射的旅游文化　　流行语折射的流行文化　　流行语折射的网络文化
ISBN：9787563719495　　ISBN：9787563721474　　ISBN：9787563724208

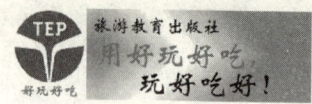

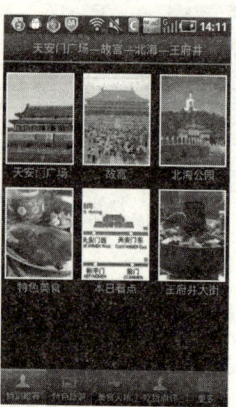